대화를 위한 소통의 기술 익히기

대화의 심리학

마츠하시 요시노리 지음 | 김선숙 옮김

BM (주)도서출판 성안당

괜찮다!

당신이 말을 잘못하는 건

재미없는 사람이어서도 아니고

의사소통 능력이 떨어져서도 아니다.

지금은 단지 소통하는 기술을 모르거나

자신감이 없는 것뿐이다.

지금부터 자신의 의사를 자신 있게 표현할 수 있는

대화의 힘을 공개한다.

차 례

제 3 장

본심을 끌어내는 심리학

제 4 장

싫어하는 유형이 없어지는 분석 심리학

"말하는 게 자신 없다."

"재미있게 말하는 재주가 없다."

"무던하다는 말을 자주 듣는다. 이 말을 들으면 재미없는 사
람이라고 하는 것 같아 기분이 좋지 않다."

"인간관계가 가장 어렵다."

당신도 아마 이런 일로 고민하고 있을 것이다. 고민하는 그 마
음은 나도 잘 안다. 나 또한 과거에 그런 고민을 심각하게 한 적이
있었다. 많은 독자는 내가 이런 책을 쓴 저자이니 말하기를 좋아하

고 처음 만나는 사람과도 금방 가까워질 수 있다고 생각할지도 모른다. 그러나 사실 나는 심각한 외톨이였다.

"마츠하시는 도통 무슨 말을 하는 건지 알 수가 없어."
"그러니까 뭐야? 무슨 말을 하고 싶은 거냐고?"
"아, 재미없어. 말하는 게 정말 답답해 죽겠어."
"왜 그렇게 늘 어두운 표정만 짓고 있는 거야?"

이런 비판적인 말들을 많이 들었다.

필자는 기타리스트가 되기로 작정하고 아오모리에서 도쿄로 왔지만 붙임성이 없어 누구에게도 말을 걸지 못했다. 게다가 사투리까지 심하다 보니 그렇지 않아도 말이 없던 나는 더욱 입을 열 수가 없었다. 그래서 원래 부정적인 성격이 한층 더 심해졌다.

다들 웃는데 왜 웃는지 몰라 대화에 낄 수가 없던 적도 있었다. 대화 주제를 파악하지 못한 것이다. 그 탓에 웃음거리가 된 적도 많았다.

"아니, 요즘 너같이 고지식한 사람이 어디 있냐? 그냥 농담으로 한 말이야. 너랑은 농담도 못 하겠다."

이런 식이니 '고지식하다'는 말은 나에게 '재미없다'는 말이나 다름없었다. 이렇게 '재미도 없고 센스도 없는 자신 없는 삶은 서른 살까지 이어졌다. 장래에 대한 희망도 없어, 매일의 삶이 자기 비하로 이어졌다.

무슨 일을 해도 되는 일이 없으니 스트레스를 풀기 위해 시간만 나면 도박을 하며 현실을 도피하며 살았다.

어느 밴드에서 멤버를 모집하고 있어 지원했을 때의 일이다. 나보다 열 살 정도 위인 밴드 리더 M 씨가 나에게 이런 말을 했다.

"마츠하시 군은 100퍼센트 자신을 불태워본 경험이 있어?"

그런 경험이 전혀 떠오르지 않던 나에게 M씨의 충격적인 말이 이어졌다.

"마츠하시 군은 잠을 자는 인생을 사는 거 같아."
"네? 그게 무슨 말이죠?"
"체념과 절망으로 눈을 뜨지 못하는 것처럼 보여. 말끝마다 '근데', '그렇지만'을 붙이는 걸 보면 말이야. '어차피'라는 말도 입버릇이 된 것 같고."

'이 사람이 무슨 말을 하는 거야? 아직 두 번밖에 안 만났는
데…. 그렇지만 그 말이 맞을지도 몰라. 근데 어떻게 그런
걸 알았지?'
그러자 내 마음을 꿰뚫어보듯이 M 씨가 말했다.

"나도 예전에 그랬으니까 아는 거지. 예전에는 나도 열정을
갖고 산다는 게 뭔지 몰랐거든. 언제나 최선을 다하지 않고
후회만 했었어. 그때는 말투가 마츠하시 군과 비슷했던 것
같아."
"M 씨도 그랬단 말이에요?"
"하지만 어떤 일이 계기가 되어 '100퍼센트 몰두한다는
것이 이런 것이구나!' 하는 것을 알았어. 그걸 아는 방
법이 있는데 말이야."
"네? 어떤 방법인데요?"
그렇게 해서 소개받은 것이 자기계발 세미나였다. 그 세미나를
계기로 대화의 심리를 공부하게 되었고, 그 후부터 인생이 극적으
로 바뀌기 시작했다.

당시 나는 영업사원이었는데 실적은 언제 잘려도 이상하지 않을 정도였다. 월급도 100만 원 정도밖에 되지 않았다. 그랬던 내가 대화의 심리를 배운지 1개월 만에 업계 1위로 올라섰고, 월급도 열 배 이상 인상되었다. 있을 수 없는 기적이 일어난 것이다.

내가 갑자기 변한 이유는 두 가지인데, 그중 하나는 대인관계 기술이다. 대인관계 기술을 익히고 자신감을 높이는 기술을 배우자 자존감이 높아졌다. 아마 지금 이 책을 읽는 독자 중에도 자신감이 없는 사람이 있을 것이다. 말하는 요령을 알아도 자신감이 떨어지면 모래 위에 집을 짓는 것과 마찬가지다.

이 책은 말하는 요령뿐 아니라 자신감을 갖는 방법을 자세히 소개하고 있다. 지금까지 잘 되는 일이 없었다면 다만 요령을 몰랐던 것뿐이다. 그러나 이 책을 다 읽을 무렵에는 앞으로 자신이 해야 할 일을 알게 될 것이다. 그리고 앞으로 커다란 기회를 만날 사람으로 바뀌어 있을 것이다. 물론 주위 사람에게도 도움을 주는 삶을 살아야 한다. 그 결과를 기대하면서 읽어나가길 바란다.

마츠하시 요시노리

제1장
재미있는 대화의 기본

사람의 마음을 끄는 대화는 반드시 이기는 가위바위보 게임과 같다. 대화하기가 겁이 나는 사람은 이걸 모르니 늘 손해만 본다. 말하는 데 기술이 필요한 것은 아니다. 자, 이제부터 호감을 주는 대화의 기본이 무엇인지 알아보자.

말하는
센스를
키워라

"저 사람 정말 말하는 센스가 있지 않아?"

주변에서 이런 말을 들을 때가 있다. 물론 그 사람이 나는 아니다. 그 사람이 나였으면 얼마나 좋을까?

센스가 있다는 말은 어떤 상태를 말하는 걸까? 사고가 굳은 사람에게 센스가 있다고 말하지는 않는다. 그러니 '유연성'이 센스의 요소라 볼 수 있다. 그리고 연습에 연습을 거듭한 준비된 말에 센스가 있다고 하지는 않을 테니 '준비하지 않은 자연스러운 말'도 센스의 조건이 될 수 있다. 뜻밖의 말에 순간적인 대응을 잘할 때 흔히 '말하는 센스가 있다'고 한다. 여기에 넘치는 유머와 재미까지 더한다면 말하는 센스는 더 빛날 것이다.

센스란 느낌이나 생각 같은 미묘한 점까지 눈치채는 것을 말한다. 판단력이 뛰어나거나, 감각이 남다르거나, 남들이 생각하지 못하는 세세한 것까지 안다는 의미로 쓰기도 한다. 판단력이나 감각을 높이려면 주변 상황을 잘 파악하는 능력이 필요하다. 그러니까 센스가 있는 사람은 '관찰력이 있는 눈치 빠른 사람'이기도 하다.

나는 서른 살 때 영업사원을 그만두고 심리상담사가 되기로 마음먹었다.

영업을 3년 이상 했는데 능력 발휘는커녕 실적은 항상 최하위 그룹에서 맴돌았고 후배에게 밀리는 상황이 계속되었다.

실적이 저조하다 보니 하루는 선배가 영업현장에 동행해주었다. 그때 선배에게 이런 지적을 받았다.

"네가 가격을 제시했을 때 고객이 관심을 보였잖아. 왜 그때
　를 놓친 거지?"
"네? 전혀 눈치채지 못 했는데요….."
"뭐라고? 눈치채지 못 했다고? 거짓말 아냐?"

"죄송합니다…."

"그리고 마지막엔 고객이 싫은 내색을 보였지? 그럴 때 왜
    밀어붙였지?"

"그것도 몰라서 그런 거죠."

"넌 관찰력이 부족해. 고객이 뭘 생각하는지 모르니 못 파는
    건 당연한 거라고!"

이런 내가 심리상담 강좌에서 상대를 관찰하는 실습을 하면서
깨달은 것이 있다. 그때까지 **상대를 관찰하지 않고 자신이 하고 싶
은 말만 하고 끝냈기 때문에** 실적을 낼 수 없었다는 것을 알게 된
것이다.

센스를 키우려면 상대의 마음을 잘 알고 이해해야 한다. 그러려
면 상대를 잘 관찰하는 일도 빼놓을 수 없다. 상대방이 대화를 즐
기고 있는지 관찰하는 것이다. 만약 싫증을 내는 것 같으면 화제를
즉시 바꾸어야 한다. 상대방이 관심을 보일만한 화제가 발견되면
거기서 깊이 있는 대화를 한 후에 다음 화제로 넘어가야 한다.

이처럼 임기응변에 반응할 수 있으면 눈앞의 사람과 관계가 깊
어지고 인간관계가 넓어진다. 친구나 동료가 없는 상태에서 한 사

람 한 사람 깊이 있는 만남을 늘려가는 것도 살아가는 재미 중 하나라고 생각한다. 그러려면 관찰력을 높여 즐겁게 분위기를 돋우는 기술을 익혀야 한다. 이렇게 의사소통을 잘하는 기술을 이 책에서 소개하겠다.

대화가
싫어진 이유는
비교에 있다

"저는 말을 잘 못해요."

"소통하기가 힘들어요. 그러니 인간관계가 어려운 건 당연한
  것 같아요."

이런 고민을 하는 사람이 많다. 이 말에는 어떤 의미가 숨어 있
다. '잘 못한다'는 말에는 '비교 대상'이 필요하거나 기준이 있어야
한다. '잘 못한다'는 말은 누구와 비교해서 잘 못하거나 어떤 기준
에 밑돌 때 사용한다. 그러므로 잘 못한다는 말이 나왔을 때는 다
음과 같은 질문을 해야 한다.

"누구에 비해 잘 못한다고 생각하세요?"

"어떤 기준에서 잘 못한다고 생각하시죠?"

그러면 많은 사람이 이런 식으로 말한다.

"대학 때 말도 잘하고 재미있는 친구가 있었어요. 그 친구를
볼 때마다 전 정말 말을 잘 못한다는 생각이 들었거든요."

"그렇군요. 그 친구는 몇 명의 지인 가운데에서 말을 가장 잘
한다는 거죠?"

"글쎄요. 한 50명?"

"그럼 또 한 가지 질문을 할게요. 잘 한다든가 못 한다든가
하는 말에는 어떤 기준이 있잖아요. 어떤 기준에서 잘 못한
다고 생각하는 건가요?"

"글쎄요…. 어떤 사람한테 들었어요. 말을 잘하지 못한다고
요."

"그 사람이 기준이 됐군요. 그럼 지금까지 몇 사람한테 그런
말을 들었죠?"

"음, 두 명 정도였던 것 같아요."

"두 명이라고요? 지금까지 만난 사람이 수도 없이 많을 텐데

요. 근데 그건 몇 년 전 일이죠?"

"한 20년 전쯤이었던 것 같아요."

이 말을 듣고 당신은 어떤 생각이 들었나?

뛰어난 사람은 어느 분야든 50명 중 한 명쯤 있게 마련이다. 뛰어난 사람과 자신을 비교해 자신감을 잃는다는 건 말도 안 된다. 더구나 수많은 사람과 만나면서 그중 단 두 명에게 들은 말을 몇 년, 아니 몇 십 년이나 마음에 담아 둔다는 것은 인생의 커다란 손실이다.

당신이 말을 잘 못한다든가 인간관계가 서투르다고 생각한다면 어쩌면 한두 사람에게 들은 말을 곧이곧대로 받아들이고 계속 생각해온 탓인지도 모른다.

그 사람은 당신의 존재를 부정할 만큼 권위 있는 사람인가? 아니면 당신이 존경하는 사람이거나 동경하는 사람인가?

당신에게 말을 잘 못한다고 한 사람은 우연히 그때 못마땅한 일이 있었는지도 모른다. 다른 일로 초조해져 엉뚱한 화풀이를 당신에게 했는지도 모른다. 당신은 무심코 던진 말에 몇 년, 몇 십 년 동안 영향을 받았다. 그 사람은 당신에게 영향을 줄 만한 사람이었을까? 분명 아니라고 생각한다. 이제 그 사람의 영향을 받을 필요가 없다.

아무 생각 없이 그냥 던진 말에 상처를 받고 몇 년 동안 계속 그 영향에서 벗어나지 못하는 사람이 많다. 하지만 당신은 언제든지 해방될 수 있다. 당신이 지금 저주에서 벗어나겠다고 마음먹는다면 말이다.

자신의 성격에 영향을 미친 계기를 생각해 보자. 그 말을 몇 사람에게 들었나? 그 사람은 권위자인가? 당신의 인생에 커다란 영향을 줄 만한 힘이 있는 사람이었나? 뜻밖에 대수롭지 않거나 신경 쓰지 않아도 될 만한 상대가 무심코 던진 한마디였을 수 있다.

리허설이
부족했을
뿐이다

개그 프로의 개그맨들을 보고 있으면 그들의 대화는 센스 그 자체처럼 느껴진다. 임기응변에 능한 화술은 프로다운 재주다. 당신 주변에도 개그맨 정도는 아니어도 말을 재미있게 하는 사람이 있을 것이다. 그리고 그 사람과 자신을 비교하며 침울해하는 사람이 있다.

하지만 안심해라. 개그맨과 당신은 다른 점이 있다. 바로 준비가 다른 것뿐이다.

내 세미나에 일본 최대 개그사무소 출신이며 개그맨으로 활동

했던 연예인이 참가한 적이 있었다. 그날은 잡담이 주제였기 때문에 그 연예인에게 이런 질문을 했다.

"개그맨들은 이야깃거리를 적은 수첩을 갖고 다닌다면서요? 근데 수첩을 갖고 다니지 않는 사람도 있나요?"

그러자 그가 대답했다.

"제가 아는 사람 중에 수첩을 갖고 다니지 않는 사람은 한 사람도 없습니다."

"네? 유명한 Y 씨는 대본 없이 즉흥적으로 말하는 것 같던데요?"

"즉흥적으로 말하는 것 같아도 대본은 있지요. 이야깃거리를 여기저기서 써먹어 보고 다듬거든요. 사회자로 유명한 어느 방송인은 재미있을 법한 이야깃거리가 떠오르면 방송이 아닌 다른 곳에서 대여섯 번 정도 써본 다음 방송에서 말한다고 하던데요?"

"늘 재미있게 말하는 Y 씨도 천재적인 즉흥 대사를 내뱉는 것은 아니었군요!"

말을 재미있게 하는 사람은 재미있는 이야깃거리가 있을 때 '언젠가 이 말은 써먹어야지'라고 생각하다가 기회를 봐서 말한다. 어떤 흐름으로 말하면 반응이 올지 몇 번 시도해보고 겨우 감을 잡는다. 말하자면 리허설을 여러 번 반복하는 셈이다.

반응이 좋은 이야깃거리가 많이 쌓이면 이야기 일부를 조합하는 식으로 응용하면서 말하기 때문에 자유자재로 말하는 듯이 보인다. 그러니 준비가 다른 것뿐이다.

준비를 거듭하는 사람과 아무런 준비 없이 말하는 사람은 다르다. 둘 사이에 차이가 생기는 건 당연하지 않을까? 당신이 재미있게 말하지 못한다고 고민한다면, 한 가지 묻겠다. 충분히 준비했는데도 말을 잘할 수 없었나?

말하는 기술을 익히고 싶다면 어떻게 해야 할까? 부지런한 사람에게 권하고 싶은 방법은 메모광이 되라는 것이다. 재미있던 말이나 즐거웠던 일, 배울만한 점 등을 메모해두는 것이다. 종이에 쓰는 작업은 뇌세포에 각인시키는데 상당히 효과적인 방법이라고 한다.

만약 방송인처럼 이야깃거리 수첩을 갖고 다닐 수는 없다고 생각하는 사람에게 권할 만한 것은 바로 소셜네트워크서비스(SNS)다.

즐거웠던 일이나 기뻤던 일, 느낀 점을 블로그와 페이스북에 남겨보는 것이다. 블로그나 페이스북은 일기 대신 쓰는 데도 편리하다.

글을 써두면 그 일이 기억에 강하게 남는다. 그래서 글로 잘 기록해 두는 사람은 말도 잘 한다. 정보를 글로 써서 내보내는 일은 사람 앞에서 말하는 것만큼이나 말을 다듬는 연습이 되기 때문이다.

아무튼, 평소에 즐거웠던 일이나 기뻤던 일에 대한 감동을 글이나 말로 표현해보면서 어떻게 하면 재미있게 전할 수 있을지 궁리하는 것이 재미있게 이야기할 수 있는 지름길이다.

나중에 말하라!
먼저 말하면
100% 진다

말을 잘 못하는 사람, 무슨 말을 해야 좋을지 모른다고 말하는 사람의 생각을 예로 들어 보자.

"상대방이 감탄할 만한 말을 하고 싶다."

"머리가 좋은 것처럼 느껴지는 말을 하고 싶은데 그게 어렵다."

"대단한 사람이라는 인상을 심어주고 싶다."

"예리한 질문을 해서 상대방보다 우위에 서고 싶다."

"내용이 없는 이야기나 시시한 이야기를 해서는 안 된다."

"대화는 정보수집이 목적이다."

다시 말하면 낮게 평가받을 만한 말을 해서는 안 되니 선뜻 잡담을 할 수 없다는 것이다. 이렇게 되면 지나치게 신중해지고 긴장하기 때문에 입이 무거워진다.

재미있고 없고는 사람마다 다르다

사람을 웃기는 모든 개그맨은 다 재미있는 사람일까?

그렇지는 않다.

그러면 자신이 재미없다고 느낀 개그맨은 정말 재미없을까?

그것도 아니다.

나는 재미없지만, 반대로 재미있다고 느끼는 사람도 있으므로 그 개그맨이 존재할 수 있다.

재미있느냐 재미없느냐는 사람마다 다를 수 있다

상대방이 어떤 점을 재미있다고 느끼는지 모르면 재미있는 이야기를 할 수 없다. 아무리 흥미 있는 이야기라도 모든 사람이 흥미 있는 것은 아니다.

듣고 있는 사람이 흥미가 없다면 그 말은 단지 잡음에 지나지 않는다.

- 상대방이 무엇에 흥미가 있는가?
- 어떤 이야기라면 먹힐까?
- 어떤 가치관이 있는가?

이런 것들을 알려면 어떻게 해야 할까?

상대방에게 물어보는 수밖에 없다. 하지만 자기 이야기만 한다면 상대방에 대해 알 수는 없다.

자신의 이야기를 하기 전에 상대방에 대해 알아야 한다.

이를 위해 우선 상대방에게 먼저 물어봐야 한다.

가위바위보에서 항상 이길 방법이 있다. 그게 뭘까?

바로 나중에 내면 된다.

"그거야. 당연하지만 교활한 방법이잖아!"

이런 당신 마음의 소리가 들려오는 듯하다.

상대방이 주먹을 낼 때 자신은 보를 내면 절대로 지지 않는다. 그런데 나중에 내면 반드시 이긴다는 것을 알면서도 먼저 가위를 낸다. 그러면 당연히 상대방은 주먹을 내기 때문에 당신은 질 수밖에 없다.

이런 일은 대화하기 싫은 사람이 하는 것과 마찬가지다. 말하기 싫은 사람일수록 먼저 말을 해 자신을 어필하려고 한다. 말을 잘하지 못하는 사람일수록 먼저 주저리주저리 말을 늘어놓는다.

연애에 서툰 사람일수록 자신의 이야기를 먼저 한다. 이것은 먼저 가위를 내서 주먹을 내는 상대에게 지는 것과 같다.

의사소통을 잘 하려면 먼저 가위바위보를 내서는 안 된다.

항상 나중에 낼 것을 의식하면 자연히 상대방을 이해할 수 있다. 상대방에게 맞는 말을 할 수 있게 되는 것이다.

사람은
제각기
다른 지도를 본다

사람의 머릿속에는 제각기 다른 두뇌 지도가 있다. 두뇌 지도에 쓰인 세계가 그 사람에게는 진실이며 현실이다. 그리고 이것이 고민을 만들어내는 원인이 된다.

머리로는 '사람은 다르다'라고 알고 있지만 진정한 차이를 이해하지 못하므로 갈등이 끊임없이 일어난다.

"제 상사는 너무 지독해요. 직원을 자신의 목표 달성을 위한 도구로만 생각합니다. 회사에서는 인정을 받고 있지만, 그 상사 때문에 스트레스를 받아 회사를 그만두는 사람도 몇

명이나 있습니다. 다른 직원도 모두 그 상사를 지독한 사람
이라고 말하지요. 지금까지는 일하는 보람 때문에 버텼지만
이제 한계가 온 것 같아요."

30대 여성으로부터 이런 고민 상담을 받은 적이 있다.

상사가 사람을 사람으로 생각하지 않는 지독하고 냉혹한 사람
이기 때문에 부하들이 모두 싫어한다는 것이다. 일에 관해서도 이
해해 주지 않고 부정하기만 하기 때문에 직장은 이제 넌덜머리가
난다고 했다.

그녀가 하는 말을 잘 들어 보니 '그 상사는 성과를 내고 있으니
회사에서 인정을 받았고, 그래서 회사의 운명이 달린 새로운 사업
부의 부장이 되어 50명 정도를 관리하는 입장'이라는 이야기였다.

그러나 그녀는 부장이 자신을 인정해주지 않고 지적만 하는 게
불만이었다.

"부장의 개인 생활에 대한 이야기는 들은 게 없습니까? 자녀
라든가?"

하고 물었더니, 휴일에는 자녀들과 공원에 가는 게 가장 큰 낙

이라고 말했다.

아마 부장의 자녀들은 아빠를 냉혹하고 지독한 사람으로 보기는커녕 아주 자상한 아빠로 생각할 것이다. 회사에서도 상사의 성과를 높이 샀기 때문에 부장으로 발탁했을 것이다. 회사에서는 성과를 내지 못하는 사람이 나쁜 사람이다. 그러니 회사 차원에서 볼 때 상사는 아주 좋은 사람인 셈이다.

그의 밑에 있는 직원 50명이 모두 냉혹하고 지독한 사람으로 느끼는가 하면 사실 그렇지도 않다. 그렇다면 퇴사하는 사람이 훨씬 많을 텐데 퇴사한 사람은 단지 몇 명에 불과하다. 어쩌면 오히려 그를 좋아하는 사람이 있을지도 모른다.

30대 여성에게 "그러면 부장이 어떻게 해주기를 바라는 겁니까?" 하고 물었더니,

"인정해 줬으면 좋겠어요. 항상 엄하게 말하는데, '성과, 성과' 하며 추궁하는 듯한 말투 대신 부드럽게 말해주면 얼마나 좋을까요?"

"그렇다면 그걸 위해 당신이 할 수 있는 일이 있을까요?"

"저는 한계를 느끼고 있으니 더 이상 할 수 있는 일은 없는 것 같아요!"

"부장과 깊이 있는 대화를 나눠 본 적이 있나요? 원하는 것
  을 말할 기회가 있었느냐는 겁니다."
"아뇨, 부장이 제 상사가 되고부터는 업무상 꼭 필요한 이야
  기 외엔 한 적이 없어요."

인정을 받고 싶은데도 대화를 한 적은 없다고 했다. 부장의 두
뇌 지도에 어떤 내용이 쓰였는지 이해하지 못한다면 부장이 원하
는 만큼 할 수 없다. 그래서 "부장의 두뇌 지도에 쓰인 것을 알고
대응하지 않으면 개선되지 않을 것 같은데요?"라고 했더니, "대화
해볼 필요가 있긴 하죠."라고 대답했다.

그녀가 먼저 부장과의 대화를 차단했기 때문에 상대방을 이해
하지 못하는 가운데 자신만 이해해 주기를 바라는 악순환에 빠진
것이다. 눈에 거슬리는 사람, 자신을 이해해 주지 않는 사람, 자신
과 통하지 않는 사람은 자신의 견해를 넓혀주는 메신저다.

상대방의 세계는 당신의 세계와 분명 다르다.
상대방의 세계를 알아야 전진으로 이어진다.

대화 거부 의식을
극복하지 못하는
이유

뜻밖에도 사람들 앞에서 말하는 게 싫다는 사람이 많다. 싫은 것을 넘어 앞에 나서는 것이 무섭다고 말하는 사람도 있다. 그러나 태어났을 때부터 사람들 앞에 서는 것이 싫었던 걸까? 아니다.

어떤 일을 계기로 "사람들 앞에서 말하는 것을 피하라"라고 하는 패턴이 잠재의식에 새겨진 것이다.

하지만 원인을 찾으려 해도 언제 무슨 일이 있었는지 전혀 기억 나지 않는다고 말하는 사람이 있다. 마음을 굳게 닫고 있기 때문이다. 격한 슬픔이나 절망을 느꼈을 때는 그러한 감정을 잠재의식 깊숙이 넣어두기 때문에 의식적으로 아무리 바꾸려 해도 행동이

뒤따르지 않는 경우가 많다.

일에 대한 의욕을 갖고 싶다. 더 노력해 자신의 가치를 높이고 싶다. 하지만 밤에 잠을 잘 못 이루고 아침에는 일어나기가 힘들다.

사람들 앞에서 말하지 못하는 것도, 일할 의욕이 생기지 않는 것도 의식과 무의식이 일치하지 않기 때문에 일어난다. 의식에서는 사람들 앞에서 멋지게 말하고 싶고 일도 의욕적으로 하고 싶어 한다. 하지만 잠재의식에는 사람들 앞에서 말하고 싶지 않고 일을 하고 싶지 않은 것이다.

돈을 많이 벌어 부자가 되고 싶다고 하면서도 언제나 돈이 부족해 쩔쩔매는 사람에게는, 잠재의식에 부자가 되고 싶지 않다는 생각이 숨어 있다.

사실은 부자가 되기까지 힘든 일을 극복하기 싫어 부자가 되고 싶은 마음이 없는 것이다. 액셀을 밟아 앞으로 나아가고 싶은데, 한편으로는 브레이크를 힘껏 밟은 것과 같은 상태다. 이런 상태라면 차는 제대로 움직일 수 없다. 그런 상태가 계속되면 어느새 휘발유를 다 써버려 1미터도 전진할 수 없는 상태에서 엔진이 멈추게 될 것이다. 브레이크를 밟는 것을 멈추지 않는 한 언제까지나

불일치감에 옴짝달싹할 수 없게 된다.

하고 싶은 것을 방해하는 브레이크에는 긍정적인 의도가 있다.

사람들 앞에서 자유롭게 말할 수 있게 되면 얻는 것이 많다.

자신의 의견을 사람들에게 알리면 사람들에게 영향을 주고 자신의 존재를 인정받을 수도 있다. 또한 자신감을 얻을 수도 있다. 이것을 일차적 이득(primary gain)이라 한다.

그럼 반대로 사람들 앞에서 말하지 않고 얻는 것이 있을까?

지금 당신은 "사람들 앞에서 말하고 싶다는 따위의 생각은 하고 있지 않아요. 말한다고 해서 얻는 것이 있을 것 같지도 않고요."라고 흥분하며 반론하고 싶은 충동에 사로잡혔는지도 모르겠다. 하지만 앞에서 말한 것처럼 자유롭게 말하고 싶다고 생각하면서도 몇 년 동안 그렇게 하지 않은 것은 잠재의식 수준에서는 바라지 않기 때문이다.

무의식에 제동을 거는 것은 말하지 않음으로써 얻을 수 있는 뭔가 이득이 있기 때문이다.

이러한 이득은 표면에 드러나지 않는 메리트이므로 이차적 이득(secondary gain)이라 할 수 있다. 이차적 이득은 제정신이 들어 빚을 갚다 대기라도 하면 순식간에 힘을 잃는다. 억지로 해보려 해도 되지 않던 일이 왠지 저절로 된다. 예를 들어, 표현이 서툴러 사람들 앞에서 말하는 것을 싫어한다면 말하지 않음으로써 얻을 수 있는 이차적 이득과 이상을 실현하지 않음으로써 얻을 수 있는 것이 분명히 있다.

그럼 당신의 이차적 이득이 무엇인지 생각해보자.

초등학교 수업시간에 손을 들고 선생님 질문에 대답했더니 좋아하던 여자 친구가 비웃었다(그렇게 느꼈다). 옆에서는 믿었던 친구가 먼저 웃고 있었다. 혹은 자신이 비웃음을 당한 것은 아니지만 적극적인 친구가 잘못 말해 선생님으로부터 크게 야단을 맞았다. 그 때문에 사람들 앞에서는 겁쟁이가 되었다.

그런 일이 계기가 되어 '사람들 앞에서 말하면 상처를 받는다. 사람들 앞에서 말하지 않으면 아무 일도 일어나지 않는다'라는 신념이 만들어졌는지도 모른다. 어쨌든 생각하는 것과 실제 행동에 커다란 차이가 있을 때는 이차적 이득을 발견하기만 하면 고민이 한순간에 사라진다.

이 기회에 깊이 생각해 찾아보자.

결점을 보이는 것이 결국 큰 장점으로 돌아온다

한 남성을 상담하던 중 있었던 일이다.

"사람들이 모인 곳에 가는 게 겁이 나요. 왠지 모르게 굉장히 피곤하고 기운이 빠져버리거든요."

"특별히 어떨 때 피곤해지죠?"

"처음 만나는 사람일 경우 특히 기운이 빠져요. 아니, 몇 번 만난 사람도 그래요. 결국 자신이 없기 때문이지요. 잘 보이려고 적당히 넘기다 보면 피곤해지는 것 같아요."

"보이고 싶지 않은 점이 있나요?"

"네? 보이고 싶지 않은 점이요? 글쎄요, 주변 사람들이 저에
    게 눈치가 없다고 하거나 이러쿵저러쿵 저에 대해 평가하지
    않을까 신경이 쓰이는 거지요."

"만약 잘못 보인다면 어때서요?"

"그런 건 정말 싫지요."

"처음 만난다 해도 일 관계로 만나는 게 아니라 아무래도 상
    관없는 관계일 때도요?"

"글쎄요…. 왜 신경이 쓰이는지 모르겠어요."

사람은 대부분 자신의 결점을 숨기고 장점만 보이려 한다.

이런 행동을 반복하다 보면 마음이 피폐해진다. 그리고 자신의
좋은 점도 점점 사라진다.

'내 약점을 꿰뚫어보는 건 아닐까?'

'별 볼 일 없는 사람이라고 생각하지 않을까?'

'내 단점을 꿰뚫어보면 어떻게 하지?'

이런 고민이 있다면 자신의 결점을 내보이기 어렵다. 그러나 오
히려 결점을 숨김없이 내보이는 쪽에 장점이 더 많다.

결점을 보일 때 생기는 장점 하나! 친근감이 생긴다

일을 시키면 대단한 집중력을 발휘한다. 요리를 잘하고, 후배도 잘 챙긴다. 하지만 술을 조금만 마셔도 얼굴이 빨개지고 혀가 꼬부라진다. 집중하지 않고 풀어질 때는 한동안 멍한 상태로 있다. 자신을 괴롭히는 말을 곧잘 한다. 싫은 내색을 하거나 기분 상할 만한 말을 해도 개의치 않은 듯 보인다.

혹시 주변에 이런 사람이 있는가?

빈틈이 없는 사람에게는 쉽게 다가가거나 친근감을 느끼기도 어렵다. 그러나 약점이나 단점을 보이는 사람에게는 오히려 다가가기 쉽다. 빈틈이 있으면 친근감이 생기기 때문이다. 자신의 약점을 숨기지 않는 사람은 상대방을 편하게 한다.

"뜯어보면 그렇게 예쁜 얼굴은 아닌데…"

라는 실례되는 말을 들어도 신경을 쓰지 않는 듯 보인다. 자기 긍정감이 높아 남이 평가하는 말에 휘둘리지 않기 때문이다. 약점을 숨기려 하지 않는 사람은 단점도 매력적인 요소가 된다. 잘 보이려는 욕심만 버리면 본래 있는 순수함이 드러나 빛이 나기 시작한다.

결점을 보일 때 생기는 장점 둘! 남을 용서할 수 있게 된다

항간에 떠도는 소문을 주고받는 게 재미있다. 나도 남의 험담을 있는 대로 하고 싶다. 하지만 남이 험담을 하는 걸 들으면 화가 난다.

"나라고 남의 험담을 할 줄 몰라서 안 하는 게 아니야. 다만 하지 않으려 참고 있을 뿐이야. 그런데 남의 험담을 즐기듯 이 함부로 말하는 사람이 있다니, 그런 사람은 뜨거운 맛 좀 봐야 해!"

이런 식으로 험담하는 사람을 욕하는 사람이 있다.

"남을 험담하는 저런 인간은 저질이라 상대할 수가 없다니까?" 이런 식으로 악평한다. 눌러 참았던 것이 많으면 많을수록 가만히 있지 못하고 흥분한다. 그러다 보니 항상 강한 스트레스 속에서 살게 된다. 자신의 약점을 보이지 않는 사람은 완벽주의자일 가능성이 크다. 뭐든지 실수 없이 잘하려 한다.

이런 사람은 속으로 '나는 이 정도로 세심하게 주의를 기울이고 있다. 그런데 당신은 왜 적당히 하는 거지?' 하며 실수하는 사람을 봐주지 못한다. 실수했는데도 반성하는 기미가 없거나 실수를 인정하지 않으면 화가 치밀다 못해 폭발하고 만다. 그러나 자신의 약점을 드러내면 사람들의 관대한 마음을 느낄 수 있다.

'이런 약점이 있는데도 봐주는구나. 참 감사한 일이야.'

이렇게 생각하는 사람은 남의 약점이나 실수에도 자연히 관대해진다.

약점이나 단점조차도 당신의 개성이다. 약점을 보이지 않으려고 긴장하고 있으면 혈액순환도 나빠진다. 기가 빠져 늘 피곤하게 사는 사람은 변비나 어깨 결림이 생기고 피부도 거칠어진다. 건강 면에서도 손해를 보는 것이다. 약점이나 단점은 개성을 빛내기 위해서 꼭 필요한 요소다. 자신의 단점을 받아들이고 남에게 말할 수 있게 되면 인간관계도 확 달라진다.

모든 사람이
좋아하는 사람은
없다

친구의 딸인 K는 장학금을 받으며 대학을 다니고 있다. 생활비도 부모에게 의지하지 않고 자신이 벌어 쓴다.

K는 카바레 식 클럽에서 거의 매일 아르바이트를 했다. 2년 반 동안 일하는 사이에 나름대로 말하는 요령도 생기고 분위기를 살릴 수 있는 말도 하게 되었다. 그런데 한 가지 고민이 있었다.

"무슨 말을 해도 반응을 보이지 않는 고객이 있어요. 저의 어떤 점이 문제일까요?"

이유는 여러 가지다.

- 코드가 맞지 않는다.
- 전체적으로 파장이 맞지 않는다.
- 잘 들어주지 못하는 사람이다.
- 상대방이 대답하기 어려운 질문을 했다.
- 반응할 가치가 없는 대수롭지 않은 말이다.
- 일방적으로 말했다.
- 말할 틈을 주지 않았다.
- 대화 전개 방법이 나쁘다.
- 표정이 어둡다.
- 분위기가 나쁘다

K에게 몇 가지를 질문하면서 점검해봤다.

기본적인 의사소통 능력도 뛰어나고 특별히 고쳐야 할 점도 없었다. 그래서 간단히 상대방의 취향에 맞지 않을 뿐이라는 결론을 내렸다.

내가 영업을 시작했을 때 어느 영업 교재에서 인상적인 말을 발견했다.

"영업은 확률이다."
"아무리 영업이 서툰 사람이라도 20명에게 설명하면 한 사람 정도는 사준다."
"반대로 아무리 뛰어난 영업의 달인이라도 20명 중 1명 정도는 설득이 되지 않는 사람이 있다."
"말을 들어주는 사람을 늘리면 사 주는 사람도 늘어난다. 다만 그뿐이다."

아무리 뛰어난 영업의 달인이라도 20명 중 1명 정도는 자신의 능력을 발휘할 수 없다는 것이다.

보기만 해도 싫다, 왠지 짜증이 난다, 성격이 맞지 않는다

일반적으로 아무리 인정을 받는 사람도 마음에 들지 않는 사람이 반드시 있게 마련이다.

'저렇게 훌륭한 인격자는 본 적이 없다'고 극찬을 받는 멋진 인격자에게도 '저렇게 좋은 말만 하는 사람은 싫다'고 말하는 사람이 반드시 있게 마련이다.

뜻대로 되지 않는 사람이 있다. 그래서 어떻게 하면 공략할 수 있을까 궁리하고 접근하는 방법을 찾는 것이 중요하다. 하지만 '모든 사람이 좋아할 만한 일을 하자!', '모든 사람과 한번 잘해보자!' 하는 집착은 버려야 한다.

내가 대표이사로 있는 사단법인 일본청취협회에서는 한 달에 한 번 경청 봉사를 하러 나간다. 요양원에 가면 이야기하고 싶지 않다는 신호를 보내는 어르신이 있다. 반면 대화를 하지 못하고 계속 침묵을 지키면서도 함께 있는 것만으로 좋아하는 어르신도 있다.

나는 상대의 입을 열게 하는 요령을 가르쳐주기 위해 이 책을 썼다. 하지만 한번 배운 후에는 일단 내려놓는 것이 좋다.

할 만큼 해보고 잘 되지 않으면 노력한 것만으로도 괜찮다고 하는, 마음의 여유를 갖는 것이 좋다.

제2장
상대의 마음을 읽는 심리 대화법

대화를 잘 이끌지 못하는 이유는 파장이 맞지 않거나 말하는 기술이 부족하기 때문이다. 입이 아무리 무거운 상대라도 말하게 하는 방법이 있다. 적절한 질문으로 상대방의 관심을 이끌어내는 대화 방법을 알아보자

잡담은
왜
필요할까?

인간관계에서 잡담은 꼭 필요하다. 그런데 잡담을 싫어하는 사람이 의외로 많다.

직장인을 대상으로 조사한 어느 설문조사에 의하면 잡담이 싫다고 대답한 사람은 무려 70퍼센트나 되었다.

나는 스무 살부터 대형판매점에서 6년 동안 카메라를 판매했었다. 그래서 영업하는 일을 너무 쉽게 생각하고 뛰어들었다.

나에게 영업을 권한 사람은 말을 아주 잘하는 것 같지도 않은데 월 1,000만 원을 번다고 했다. 물건을 파는 일은 무엇을 팔든 다 마찬가지라고 생각한 나는 월 300만 원 정도는 벌 수 있겠지 하는 기대가 있었다.

그런데 막상 영업을 해봤더니 예상과는 전혀 달랐다.

사러 오는 사람에게 설명만 하는 판매와 스스로 고객을 찾아 나서야 하는 영업을 같은 감각으로 받아들인 것은 큰 오산이었다.

그런데 무엇보다 가장 큰 원인은 의사소통 능력의 부족이었다. 판매는 의사소통 능력이 없어도 상품 설명만 잘 하면 된다. 그런데 영업은 설명한다고 팔리는 게 아니었다. 설명만으로 팔 수 있다면 설명을 아주 잘하는 사람의 DVD를 나누어주기만 해도 될 것이다.

설명보다는 고객의 감정을 움직일 필요가 있다.

감정을 움직이는 최대 요인은 무엇일까?

그것은 상대를 신뢰할 수 있느냐 신뢰할 수 없느냐에 달려 있다.

"나를 속이는 것 같지는 않다."

더 나아가

"이 사람은 믿을 만하다."

이렇게 느끼게 하려면 자신의 인간성을 알게 해야 한다. 상품 설명만으로는 인간성을 알 수는 없다.

인간성을 알리려면 어떻게 해야 할까?

자신이 신뢰할 만한 사람이라는 걸 열심히 말로 설명하면 될까?

그렇지 않다. 상대에 따라서는 오히려 마이너스 효과를 불러올 수 있다. 이때 중요한 것이 대화의 능력이다.

가벼운 잡담을 하면서 자신의 성실성이나 됨됨이를 부각시킨다.

이렇게 인간관계가 구축되면 '이 사람이 말하는 것이니까 믿어 볼까?'라는 생각을 하게 된다.

"왜 영업에 잡담이 필요합니까? 상품이 좋으면 잘 팔리는 것
　아닙니까?"

얼마 전 잡지 인터뷰를 할 때 받은 질문이다. 그래서 인터넷 관련 영업하는 사람을 만났을 때의 경험을 들려주었다. 영업을 하는 여성의 전화를 받고 흥미가 생긴 나는 방문을 승낙했다. 사무실에 온 여성은 아무런 잡담 없이 명함을 교환한 다음 곧바로 회사에 대해 안내하기 시작했다. 여성이 일방적으로 30분 이상 이야기하자 나는 졸려서 의식이 멀어져갔다. 여성이 설명을 마친 후 계약을 권

했으나 나는 거절했다.

"그게 맞는지 어떤지 모르니 다른 회사 상품과 비교해봐야겠
　네요. 이 계통에 있는 친구도 있으니까 물어볼게요."

　이처럼 나 자신도 냉정하다고 생각할 정도로 심한 말로 거절의
뜻을 비쳤다. 영업하는 사람의 마음도 너무나 잘 알고 있어서 냉정
하게 거절하기란 쉽지 않다. 그런데 인간적으로 가깝게 느껴지지
않으니 상대에게 미안하다는 감정 없이 거절해버린 것이다.

인간관계를 쌓는 데 잡담은 필수적인 요소다.

남의 말을 듣지 않는 사람들

의사소통이 잘 되지 않는 사람.

대인관계가 원만하지 못한 사람.

처음 만난 자리가 늘 어색한 사람.

이런 사람들은 남의 말에 귀를 기울이지 않는다는 공통점이 있다.

이런 말을 하면 보통 다음과 같은 말이 되돌아온다.

"뭐라고요? 듣는 건 문제 없어요. 그보다 말을 잘 하는 방법

이나 가르쳐주세요."

이런 사람일수록 세미나에서 듣는 연습을 하게 하면 잘 듣지 않는다는 것을 알 수 있다. 의사소통의 달인일 것 같은 영업사원을 대상으로 세미나를 해도 100명의 참가자 중 상대방의 말을 잘 듣는 사람은 소수에 불과하다. 자신은 잘 듣고 있다고 생각하지만 자기 식으로 듣고 있을 뿐이다.

이렇게 말하는 나도 마찬가지였다.

내가 상담사 양성 강좌에 다닌 지 얼마 안 되었을 때의 일이다.

"지금부터 듣는 연습을 해보겠습니다."라고 강사가 말했을 때 나는 생각했다.

'그런 건 안 해도 되니까 잠재의식을 바꾸는 기술이라든가 상대방의 마음을 유도하는 기술이나 빨리 가르쳐주세요.'

나는 스무 살부터 판매 일을 시작했고 스물여섯 살 부터는 영업을 했다. 그러니 서른 살 시점에는 이미 10년이나 물건 파는 일을 한 상태였다. 매일 고객의 말을 듣는 내가 듣기 실습이 왜 필요한지 이해할 수 없었다.

그런데 실제로 듣기 실습을 해보고 깜짝 놀랐다. 그때까지 사람들의 말을 건성으로 들었다는 걸 알았기 때문이다.

상대방이 말할 기회를 주지 않고 자신이 필요한 말만 했다는 것도 알게 되었다. 게다가 경계심을 보이지 않는 고객에게만 다가갔다.

시작부터 완전히 잘못된 영업을 한 것이다!

잘 듣는 기술은 분명 있다.

듣는 법을 훈련하지 않은 사람은 대부분 잘못된 방법으로 듣는다는 것도 알게 되었다. 상담사는 잘 듣는 기술로 상대방의 마음에서 갑옷을 벗겨낼 줄 알아야 한다.

"이 사람이라면 안심하고 뭐든 마음속 깊이 잠재워 둔 말을 해도 되겠다"라는 신뢰관계가 생겨야 비로소 마음의 소리가 나온다. 마음을 활짝 열게 하고 나서 어떤 심리요법을 쓸지 판단해야 마음을 치유하는 단계로 들어갈 수 있다. 상대방이 마음을 열지 않으면 아무리 훌륭한 심리요법이 있다 해도 도움이 되지 않는다. 마음을 열고 신뢰관계를 만드는 데는 듣는 기술이 가장 중요하다. 전문 상담사가 되려면 1년 정도 경청 실습을 해야 한다는 조건을 내세우는 단체도 있다.

훈련을 하지 않기 때문에 말을 듣고 있다고 생각할 뿐 사실은 제대로 듣지 않는다는 걸 느끼지 못한다.

말하기 싫어하는 사람은, 대화가 캐치볼이라는 사실을 잊는다.

공을 던지는 데만 열중한다.

빠른 공을 던지거나 예고 없이 변화구를 던지면 상대방이 잘 받지 못한다는 것을 모른다.

최악의 경우 볼을 받아쳐야 하는 입장이 되었을 때는 잘 치지 못한다. 캐치볼을 하는 기술이 부족하니 상대의 상황에 맞춰 공을 던질 수가 없다. 이렇게 되면 캐치볼이 재미있을 리 없다.

마찬가지로 대화도 활기를 띨 수 없다. 활기가 없으니 친밀한 관계도 생기지 않는다. 그렇게 되면 당연히 상대방의 속마음도 들을 수 없으며, 상대방의 말을 듣지 않고 추측과 망상을 시작한다.

자기 멋대로 상상하고는 '싫어할지도 몰라', '상대방의 기분이 별로인 것 같아'라는 결론을 내린다.

이런 악순환에 빠지는 건 당연한 결과다.

상대방이 마음을 열지 않고 있을 때 말없이 침묵을 지키는 사람은 그나마 낫다. 상대방의 침묵을 견디지 못하고 자신이 먼저 주절주절 늘어놓는 사람도 있다.

상대방이 무슨 일에 흥미가 있는지 관심거리를 끌어내지 못하므로 독선적인 이야기를 할 수도 있다.

당연히 따분하다는 반응밖에 돌아오지 않는다.

이런 상황을 바꾸려면 잘 들을 줄 알아야 한다.

듣는 방법은 학교에서 배운 적도 없고, 사회에 나와서도 배울 기회가 없으니 서툰 것은 당연하다.

듣는 기술 하나만 익혀도 인간관계가 놀랍게 달라진다.

관계가 나빴던 사람이 왠지 친근하게 말을 걸어오기 시작했다!

상사나 부하가 자신이 하는 말에 귀를 기울이기 시작했다!

영업이 순조롭게 진행되어 차츰 실적이 올라간다!

이상하게 이성에게 인기가 생기기 시작했다!

이런 성과를 얻을 수 있다.

잘 들을 줄 알면 바라는 결과를 손쉽게 손에 넣을 수 있다.

잘 들으려면
질문을 해라

기업 연수에 나가면 첫 실습에서 '상대방이 신나게 말할 수 있게 들어주기'라는 과제를 낸다. 서로 짝을 이루어 각각 다양한 반응을 하는데, 이때 가장 많이 볼 수 있는 것이 질문을 연발하는 사람이다.

마치 인터뷰를 하는 것처럼 계속 질문하고 자신의 의견을 말하면서 대화를 이끌어가는 사람이 많다.

질문을 많이 해야 상대방이 자신의 말을 잘 듣고 있다고 생각하는 듯했다.

특히 영업자나 관리직에 있는 사람들에게 이런 경향이 강한 것을 보고 깜짝 놀랐다.

인간관계를 넓힐 필요가 없는 사람이나 부하와 그다지 가까운 관계를 원하지 않는다면 상관없다.

하지만 깊은 인간관계를 원하는 사람이라면 질문을 연발하는 것은 역효과를 가져온다.

질문은 칼날과 같다.

사실 사람을 조정하는 최대의 무기는 질문이다.

사용하기에 따라서는 매우 도움이 되지만, 타이밍이 잘못 잡으면 인간관계에 치명타가 될 수 있다.

상대방을 이끌어 이쪽으로 인도하는 데는 질문이 필요하다. 그래서 질문의 기술을 익힐 필요가 있다.

질문을 해서 원하는 레일에 상대방을 올려놓아야 한다. 그러나 이것은 공감할 수 있는 관계가 되고나서의 이야기다.

말하고 싶은 것이 무엇인지 알리지 않는 상태에서 듣는 사람에게 연달아 질문한다면 서로 이해할 수 있는 관계를 기대할 수 없다.

일본청취협회에서는 듣기의 달인을 양성하기 위해 다양한 커리큘럼을 준비한다. 첫 트레이닝에서는 질문하고 싶은 충동을 누르는 데 중점을 둔다.

고민을 말하게 하려면 신뢰관계가 필요하다.

그 신뢰관계가 생기기도 전에 이것저것 질문을 하면 마음을 닫고 진짜 속마음을 보여주지 않기 때문이다.

상대방이 말하고 싶은 것을 말하도록 하는 사이에 신뢰관계가 쌓이고, 그런 후에야 겨우 속마음을 열어 보이는 것이다.

듣는 사람의 흥미나 관심거리를 질문한다면, 상대방이 하고 싶은 말을 끌어낼 수 없다. 상대방의 속마음을 끌어내기는커녕 듣는 사람의 레일에 상대를 올려놓기만 할 뿐이다.

그 결과 대화가 활기를 띠지 못하고 끝나 버린다.

왜 이렇게 묻기만 많이 할까 생각해보면 그 배경에는 역시 방송의 영향이 있다.

베스트셀러 ≪듣는 힘⟨聞く力⟩≫의 저자인 아가와 사와코(에세이스트이자 탤런트. 1000명이 넘는 유명 인사를 인터뷰한 저명한 인터뷰어_옮긴이) 씨나 구로야나기 데츠코(일본 TV 프로그램 '데쓰코의 방' 사회자이자, 베스트셀러 『창가의 토토』의 저자_옮긴이) 씨가 진행하는 방송에서는 사전에 무슨 질문을 할 것인지 확실히 정해놓고 인터뷰를 시작한다. 그리고 대본에 따라 진행하니 게스트가 자유롭게 말할 수 없다.

진행자는 시청자가 좋아할 만한 이야기로 화제를 이끌어가기 위해 질문을 많이 하게 된다.

게스트로 초대받은 사람도 상대방이 듣기를 원하는 내용의 애기를 하게 된다.

이렇게 사회자가 듣고 싶은 내용만을 묻는 방송을 많이 본 탓인지 질문만 줄기차게 해대는 질문광이 많다.

이것을 우리 일상대화에 적용하면 깊은 인간관계는 만들 수가 없다.

그러니까 대화가 무르익지 못한다.

공통점을
찾는다는 것은
기적 같은 일이다

"상대방과 가까워지려면 공통 화제를 찾아라."

일반적으로 회사에서는 영업사원에게 이렇게 가르친다.

하지만 공통점이라는 것이 사실 좀 모호하다.

예를 들어 내가 음악을 좋아하지만 나만의 스타일이 있다.

장르로 말할 것 같으면 테크니컬 퓨전을 좋아한다.

따라서 상대방이 음악을 좋아한다고 해서 음악 이야기로 시간

가는 줄 모르고 대화를 이어갈 수 있느냐 하면, 꼭 그렇지는 않다.

같은 장르를 좋아하고, 같은 뮤지션을 좋아하고, 같은 곡을 좋

아하는 사람과 만난다는 것은 기적과도 같기 때문이다.

자신만의 스타일이 있으면 주장하고 싶은 것도 있고 상대방과 공감할 수 없는 것도 온다. 이때 무리하게 공감할 뭔가를 찾을 필요는 없다.

한번은 아오모리(青森, 혼슈 지방) 출신인 나에게 야마가타 출신인 사람이 "같은 도호쿠(東北) 출신이네요!" 하며 반가워했다. 그렇지만 난 한 번도 가보지 못한 지역이라 공감하기는 어려웠다. 그보다 지금 말하는 내용에서 서로의 관심거리를 찾는 것이 좋겠다는 생각을 한 적이 있다.

상대방의 관심을 끌 만한 이야기를 찾는 것은 어렵다. 더구나 발견했다 해도 분위기가 확 바뀌느냐 하면, 그렇지도 않다. 상대방과의 공통점을 찾기보다는 서로 다른 점을 즐기는 사람이 대화를 잘 이끄는 달인이다. 상대방이 기분 좋게 수다를 떨게 만드는 기술이 돌파구가 된다.

내가 젊었을 때 350만 원이나 하는 고가의 외제 청소기 방문 판매를 한 적이 있었다.

30만 원 하는 청소기도 구입하기 부담스러워 하는 집이 많던 시절, 350만 원이나 하는 청소기를 들고 가서 실제로 청소를 해 보이며 파는 영업이었다.

"하우스 클리닝 회사의 아무개입니다. 지금 이 지역 캠페인 기간이어서 1,000원에 청소를 해주고 있습니다. 하우스 클리닝 광고를 위해 하는 거니 부담스럽게 생각하지 마시고 한번 신청하세요."

이런 말로 쉽게 접근할 수는 있었다. 그런데 고객의 집을 방문하면 현관에서 도깨비 같은 모습으로 노려보는 사람이 있었다.

"뭐예요? 1,000원이라니 좀 이상한데요? 청소기를 팔려는 거죠?"
"아니에요. 살 필요는 없으니 안심하고 그냥 보기만 하세요."
"그럼 청소만 해주세요. 절대로 사지는 않을 테니까요."

이렇게 겨우 집에 들어갈 수는 있었으나 경계심이 심했고 불편한 대답이 돌아오는 것도 당연했다.
개중에는 부인 혼자 있으면 불안하다며 남편이 함께하는 경우도 있었다. 이런 경우 남편은 대부분 일절 대답을 하지 않았다.

그런데 오히려 경계심 강한 사람이 거절하기를 싫어하고 쉽게 끌려온다는 사실을 그때 경험으로 알게 되었다.

뭐든 가볍게 말할 수 있게 들어주기만 하면 된다. 그렇게 하면 현관에서 언성을 높이던 사람이 1시간 후에는 웃는 얼굴로 계약서에 사인한다.

이런 경험으로 배운 것이 있다.

상대방의 입이 무겁다.

좀처럼 입을 열려고 하지 않는다.

무슨 질문을 해도 이야기가 이어지지 않고 끊긴다.

부담 갖지 않고 말하는 사람은 없다.

이런 경우는 대부분 질문하는 요령을 모르기 때문이다. 상대방이 말을 하게하고 마음을 열게 하기 위해서는 듣는 기술이 필요하다.

이렇게 하면 상대와 대화를 단절할 수 있다

당신이 영업을 하고 있다고 가정해 보자. 당신은 고객과 잡담을 하고 있다. 다음과 같은 고객의 말에 어떻게 대답하겠는가?

"저희 회사가 올해 창립 20주년입니다."

"요즘 이 업계가 어려우니까요."

"유능한 인재가 잘 들어오지 않아요."

"저기 있는 어느 클럽? 골프가 취미군요."

"그렇기는 해도 당신 회사 상품은 비싸서 살 수가 없어요."

연수에서 수강생에게 이런 질문을 하자 다음과 같은 대답이 돌아왔다.

자기 생각대로 받아치는 속단 패턴

A : "저희 회사는 올해 창립 20주년을 맞았어요."

B : "오, 대단한데요. 10년이면 대부분 망하잖아요."

'대부분의 회사는 망하는데 20년이나 됐다는 건 대단하다'며 칭찬해 주기를 바란 것으로 속단한 사례다. 마치 예지 능력이 있는 것처럼 다음의 전개를 읽고는 '이 사람이 말하고 싶은 건 아마 이것일 거야'라고 생각한다. 자기 멋대로 추측하면 가끔은 맞는다. 하지만 그렇지 않은 경우가 더 많다.

상대방도 한두 번이라면 상대해주지만 자기 멋대로 판단하는 사람에게는 하고 싶은 말을 할 수 없어 스트레스가 쌓인다. 그러니 입이 점점 무거워진다.

자신의 흥미와 관심을 채우는 패턴

A : "유능한 인재가 잘 들어오지 않아요."

B : "그래요? 어떤 방법으로 사람을 구하는데요?"

유능한 인재가 들어오지 않는다는 말만으로는 다음에 무슨 말을 하려는지 모른다. 그런데 이 말을 듣고 질문을 했다. 이것은 자신의 흥미와 관심에 집중하고 있다는 걸 보여준 결과로, 자칫하면 쓸데없는 조언으로 이어질 수도 있다.

말을 가로채는 패턴

A : "저기 있는 어느 클럽? 골프가 취미군요."

B : "저도 아주 좋아해서 한 달에 한 번은 나가고 있어요. 요전 날 스코어를 80이나 끊었다니까요?"

상대방의 말을 가로채는 패턴이다. 사람의 말을 가로채 자기 이야기를 시작하는 것은 상대방이 말할 기력을 빼앗아버리는 행위다.

이 타입은 "알죠. 나도 그래요. 나는 말이죠……"라며 한순간에 공감한 듯이 자신의 이야기에 빠진다. 상대방에게 말을 시키기는 커녕 어느 사이엔가 화제를 빼앗아 자기 자랑만 하는 타입이다.

정면으로 부정하는 패턴

A : "그렇기는 해도 당신 회사 상품은 비싸서 살 수가 없어요."

B : "아니에요. 비싸지 않아요. 품질을 생각한다면 오히려 싼 편이죠."

사람의 말을 듣는 자세가 되어 있지 않다. 상대방의 말을 정면으로 부정하기 때문에 상대방을 공격하는 대화로 이어지기 쉽다.

어떤가? 공감 가는 곳이 몇 군데 있는가?

"나도 그와 비슷하게 대응할 때가 있다"라는 부분이 한 군데 이상이라면, 유감스럽지만 당신도 남의 말을 잘 듣지 않는 사람이다. 자기 생각을 밀어붙이거나, 말을 가로채거나 부정하는 등 자신도 모르는 사이에 하는 말 때문에 상대방과 대화가 단절된다. 그러면 당연히 인간관계도 구축할 수 없고 대화도 무르익지 못한다.

어쩌면
침묵 공포증
때문인지도 모른다

영업을 하던 시절, 이 기술을 익힌 다음부터는 상대방을 깊이 알아갈 수 있게 되었다.

그 기술이란 '침묵'이다.

물론 전혀 말을 하지 않을 수는 없다. 상대방이 하는 말을 잘 듣고 적절히 질문도 해야 한다. 그리고 침묵을 통해 상대방이 자연스럽게 말을 하도록 유도해야 한다.

고객은 영업하는 사람에게 좀처럼 속마음을 보이지 않는다.

만약 속마음을 보이면 자신이 불리하다고 생각하기 때문이다.

하지만 어떤 상대라도 속마음을 보이게 하는 사람이 영업의 프로다.

질문을 했는데 즉시 대답이 돌아오지 않는 경우가 있지 않은가?

상대방이 아무 말을 하지 않고 잠자코 있는 경우 말이다.

이럴 때는 끼어들고 싶은 충동이 들겠지만 참는 게 좋다.

상대방이 말할 때까지 가만히 있어야 한다.

침묵은 뇌를 풀가동하며 다양한 생각을 하는 상태다. 그러므로 아이디어가 나오는 순간을 방해하지 말아야 한다.

자신에게 상황이 불리한 질문일 때는 속마음을 보여야 할지 말아야 할지 주저할 수도 있다.

아무튼 침묵에 인내하는 기술을 익히면 상대방의 이야기를 들을 수준이 3단계 정도 쑥 올라간다.

프랑스에서는 대화하다 말이 끊겨 침묵이 찾아오는 상태를

'천사가 지나갔다.'

라고 표현한다.

의사소통 기술이 없는 사람은 침묵에 약하다

조금이라도 침묵이 흐르면 침묵을 견디지 못하고 깨버리는 사람이 많다.

나는 침묵을 이용할 줄 알게 된 후 영업 실적이 최하위에서 갑자기 전국 1위로 올라갔다. 능력 있는 영업인으로 변신한 것이다. 실적이 좋아지자 후배와 부하직원도 챙겼다.

내가 가르친 신입사원이 계속해 능력을 발휘하자 전국의 사원을 대상으로 영업을 지도했다. 사내 트레이너로 각지에서 열리는 연수에 나가기도 하고, 동행해 개인지도를 하기도 했다.

전국을 날아다니던 어느 날 일이다.

요코하마 지점장으로부터 동행 지도를 해달라는 요청을 받았다.

"입사한 지 2개월이 지났는데 전혀 실적을 올리지 못하는 신입사원이 있습니다. 마흔 살의 남자입니다. 화제가 풍부해 재미도 있고 센스도 있는데 왜 그런지 실적이 저조합니다. 함께 다니면서 지도를 해 주세요."

동행하던 날, 그 남자와 함께 차를 타고 가며 이야기해보니 역시 재미있게 말하는 사람이었다. 다양한 직업을 거친 사람답게 화제도 풍부했다. 그런데 왜 실적을 올리지 못하는 걸까?

의아하게 생각하며 고객의 집에 도착했다. 그런데 그 남자가 영업하는 모습을 지켜보다 깜짝 놀랐다.

"보통 어떤 청소기를 사용하세요?"

그러자 상대방이 생각하고 있는데 1초 정도 지나자

"히타치입니까? 도시바입니까?"

라며 다음 질문으로 옮겼다.

"한 주에 몇 번 정도 청소를 하나요?"

상대방이 생각하기 시작한 지 2초도 지나지 않았는데

"2~3회 정도인가요? 아니면 매일?"

계속 이런 식으로 대화를 이끌어가고 있었다.

질문했는데 즉시 대답을 하지 않으면 기다리지 못하는 것이었다.

기다리는 시간이라고 해야 고작 2초 정도일 텐데, 단 2초의 침묵을 참지 못했다.

이때 나는 그에게 '침묵 공포증'이라는 병명을 붙였다.

20년 전의 이야기지만 지금도 침묵 공포증에 걸린 사람이 많다.

이 책을 읽는 당신은 어떤가?

질문한 후 몇 초 정도 기다리는가?

일곱 명의 친구와 드라이브를 갔을 때의 일이다.

한 여성이 나에게 자신의 고민을 말하기 시작했고, 나는 고민을 들어주면서 질문을 하고 있었다. 나머지 다섯 명은 두 사람이 주고받는 이야기를 잠자코 듣고 있었다.

"그럼 네가 할 수 있는 일은 뭐지?"

분명 그런 질문을 던졌을 때였다.

그러자 여성이 "으음" 하다가 아무 말을 못 했다.

나는 여느 때와 마찬가지로 대답이 돌아올 때까지 기다리고 있었다. 이야기를 듣던 친구들도 코칭하는 능력은 있었기에 잠자코 기다리고 있었다.

그러자 5분 정도 긴 침묵이 흐른 후에 드디어 여성이 입을 열었다.

"우선은 부탁해 보려고. 나 혼자 하지 않고 부탁하는 게 좋을 것 같아."

그러자 다섯 명이 동시에 소리쳤다.

"마츠하시, 대단해!"

"응? 뭐가?"

"그 정도 침묵을 가만히 기다릴 수 있다는 거 말이야."

"생각하고 있으니 기다리는 건 당연하지."

"나도 부하직원의 능력을 끌어내고 싶어 코칭을 배우고 있지만, 그렇게 오랜 시간을 가만히 기다릴 수는 없어."

"난 단지 상대방이 입을 열기까지 기다린 것뿐인데?"

"어떻게 그렇게 기다릴 수 있지?"

"글쎄, 영업을 하면서 몸에 배었기 때문이겠지. 상대방이 생각하고 있으면 절대로 말을 걸지 않거든."

영업의 최종 국면

"여기까지 이야기를 들으셨는데 상품의 내용이나 금액에는 문제가 없다는 거지요? 그럼 어떻게 하시겠습니까?"

이 질문을 하는 시간이 최종 결단을 요청하는 클라이맥스다.

고객은 대부분 생각하는 듯 가만히 있는다.

어떻게 할지 깊이 고민하는 고객일수록 입을 다문다. 이때 영업하는 사람이 약한 마음에 이것저것 필요 없는 말까지 하면 마이너스로 작용한다.

영업하는 사람이 침묵을 이기지 못해 뭔가 말하는 것은 생각할 틈을 주지 않고 생각을 방해하는 것이나 다름없다.

또한 '자신 없다'는 마음을 전하는 표현이기도 하다. 그러니 오로지 상대방이 입을 열 때까지 기다려야 한다.

길면 5분 이상 침묵이 흐를 수도 있다.

하지만 먼저 입을 열면 진 것이나 마찬가지다.

이러한 경험과 트레이닝 덕분에 침묵을 이용할 수 있게 되었다.

침묵이 찾아오면 상대방이 먼저 입을 열 때까지 기다려야 한다. 이것을 평소에 실행해 보자.

침묵 공포증이라는 병에서 빠져나올 무렵에는 분명 무대가 바뀌어 있을 것이다.

일을 잘하고도 욕을 먹는 대화법

"지난번에 이세신궁(伊勢神宮: 일본의 3대 신사 중 하나로, 태양을 신격화한 황실의 조상신인 아마테라스 오미카미(天照大御 神)를 모신 곳이다. 중세 이후 아마테라스가 일본의 수호신으로 일컬어지면서 일본인이라면 일생에 한 번쯤 이세신궁에 참배해야 한다는 의식이 있다. _옮긴이)에 갔다 왔는데 그 다음부터 이 상하게 운이 좋아진 것 같은 기분이 들어요."

"그래요? 근데 이세신궁…"

"네(어머? 반대의견인가. 두근두근)."

"이세신궁 참 좋죠. 역시 일본 신사 중 최고죠."

"(찬성하는 의견인 것 같다) 맞아요. 에도시대 때는 평생 한 번 갈까

말까 하는 꿈같은 곳이었대요."

"그래요. 근데…"

"네(반대? 찬성?)."

"이세신궁은 언제 가도 기분이 좋은 것 같아요."

"정말 그래요(아, 헷갈려, 찬성인 거야!)."

이처럼 말하는 내용은 찬성인데 하나하나 부정적인 말을 덧붙
이는 사람이 있다.

말끝마다 '근데', '그러나'를 붙이는 사람이 있다.

부정적인 접속사는 듣는 사람에게 긴장감을 준다.

얼마나 편하게 해주느냐에 따라 신뢰관계가 결정되기 때문에
상대방을 긴장시키는 것은 역효과다.

'그렇지만', '그래도', '그런데', '하지만' 등 부정적인 말을 입버릇
처럼 하는 사람은 주의해야 한다.

"자네는 일 처리가 빨라. 하지만 좀 거친 것 같아. 실수하지
　않도록 주의해."

"**하지만** 과장님은 항상 스피드를 중시하잖아요. 그래서 서둘

러 한 건데요."

"스피드는 중요하지만 이렇게 실수가 잦으면 이중으로 수고
해야 하잖아. 마지막에 다시 한 번 확인하게."

"네, 한번은 체크한 거예요. **그런데** 일이 많아서 시간을 들여
꼼꼼히 할 수는 없었어요.

"이렇게 실수가 잦으면 체크하는 의미가 없잖아! 제대로 해!"

"이 상품, 좋기는 한데 너무 비싸요."

"비싸다고 생각하세요? **하지만** 이 상품의 퀄리티를 생각하
면 두 배는 받아야 해요. 그렇게 생각하면 싼 거 아닙니까?"

"당신, 부탁한 간장은?"

"아, 잊어버렸네. 추워서 서둘러 오는 바람에…"

"**그런데** 오늘 음식은 어떻게 만들죠? 간장이 없으면 만들 수
가 없잖아요!"

나는 젊었을 때 상사로부터 늘 악평을 받았다.

주의를 받고서도 잘못했다고 말하지 않았고, 남이 잘못을 지적
하거나 나무라면 즉시 반론을 제기했기 때문이다.

그것도 부정적인 접속사를 써서 반격했다.

'그렇지만', '그래도', '그런데', '하지만' 등 부정적인 접속사는 사용하는 순간에 상대방의 기분에 불을 붙일 수 있다.

부정적인 접속사는 상대방과 대결 자세를 보이는 말이기 때문이다. 이런 단어는 하나하나 상사를 화나게 한다.

상대방이 하는 말은 일단 받아들이는 것이 좋다.

자신이 하고 싶은 말은 일단 상대방의 말을 받아들인 다음에 해야 한다. 주의를 받거나 야단을 맞을 때는 더욱 그렇다.

"자네는 일 처리가 빨라. 하지만 좀 거친 것 같아. 실수하지
　않도록 주의해."

"네, 알겠습니다. 과장님이 늘 스피드를 중시하라고 하셔서
　좀 서둘렀습니다."

"스피드는 중요하지만 이렇게 실수가 많으면 이중으로 수고
　해야 하잖아. 마지막에 다시 한 번 확인하게."

"네, 알겠습니다."

이 답변은 처음 답변과 거의 같다.

부정적인 접속사를 사용하지 않았을 뿐인데 훨씬 상쾌하게 대화를 마쳤다.

"이 상품, 좋기는 한데 너무 비싸요."

"비싸다고 생각하세요? 글쎄요…. 이 상품의 퀄리티를 생각하면 두 배는 받아야 해요. 그렇게 생각하면 싼 거 아닙니까?"

이 답변은 '하지만'을 '글쎄요'로 바꿨을 뿐 다음 말은 같다.

부정적인 접속사만 안 써도 상대방에게 주는 인상은 이렇게 달라진다.

부정적인 접속사를 아무 생각 없이 쓰다 손해를 봤다면 지금 즉시 바꿔 보자.

동정이 아니다,
공감하며
들어주는가?

고민 상담을 하면서

"그것참 안됐군요. 어쩜 좋아요."

하고 반응을 한다면 이것은 동정이며, 상대방의 부정적인 감정
에 휘말린 것이다.

동정은 자신이 주체다.
동정은 자기 개인이 내보내는 정보다.

동정은 자기 가치관의 필터를 사용해 상대방의 기분이나 감정을 통찰한 상태다.

동정은 상대방의 감정과는 관계없이 자기가 일방적으로 감정이입하는 상태다.

사람들은 동정 받는 걸 싫어한다. 동정하는 사람에게서 우월감이나 가엾게 여기는 마음을 느끼기 때문이다.

공감은 상대방이 어떻게 느끼는지, 어떤 기분인지 아는 상태다.

공감은 상대방에 대한 평가가 없다.

공감은 상대방이 주체다.

공감은 상대방이 생각하는 것을 자신도 느끼는 것이다.

공감은 상대방과 같은 입장에 서서 세계를 상대방의 눈으로 보는 것이다.

거기에는 자신의 가치관 같은 필터가 없다.

동정받기는 싫어도 공감해 주는 것을 싫다고 할 사람은 없다.

자신의 감정을 색안경을 끼지 않고 그대로 받아주는 사람을 누가 싫다고 할까?

동정은 듣는 사람이 과거 경험과 비슷한 감정을 체험하는 것이다. 즉, 눈앞의 상대방과 함께 있는 것이 아니다. 이것이 상대방에게 그대로 전해진다. 그래서 자신의 말을 제대로 듣고 있는 것이 아니라고 생각할 수 있다.

동정하기보다 **공감하며 말을 들어주는 것이 의사소통의 기본이다.**

3분 안에
신뢰관계를
만들라

눈앞에 있는 사람과 신뢰관계를 구축한 다음 반드시 필요한 것은 '상대방과 파장 맞추기'다.

이렇게 상대방에게 맞춰가는 것을 NLP(Neuro Linguistic Programming, 신경 언어 프로그래밍), 심리학에서는 페이싱(Pacing)이라 한다. 이 기술은 중요한 스킬이다.

상대방의 페이스에 맞춰가는 것이므로 페이싱이라 한다.

반대로 자신이 리드해 유도하는 것을 리딩(Leading)이라 한다.

모임에서 명함을 교환한 후 계속해 자신을 어필하는 사람이 있다.

어필이나 피알은 리딩이다.

상대방에게 맞추려고 하지 않고 리딩만 하려 하면 사람들이 싫어한다.

본인은 할당된 책임을 다하려고 필사적이다. 하지만 상대방의 이야기를 일방적으로 듣는 입장이 되면 가만히 듣고 있을 수만은 없다.

페이싱을 거치지 않는 단계에서 아무리 자신을 어필해도 상대방에게는 전해지지 않는다.

그런데 상대방에게 확실하게 맞춘 후 리딩으로 들어가면 상대방은 순순히 따라온다.

나는 스물여섯 살 때 영어회화교재를 방문판매하는 영업을 시작했다. 완전 수당제였으나 전혀 팔리지 않아 연봉은 700만 원 정도밖에 되지 않았다.

월급이 아니다. 연봉이다. 그러니 매달 적자에 시달렸다.

부족한 돈은 사채를 빌려 메우며 사는 것도 1년이 한계였다.

이제 더는 안 되겠다고 생각해 고정급이 있는 영업을 찾다 청소기 영업을 알게 돼 전직했다.

청소기를 잘 팔지는 못했지만, 잘리지 않고 겨우 목숨을 유지하는 정도로 3년을 버텼다.

그렇게 서른 살이 되었을 때의 일이다.

'3년 이상이나 영업을 했는데도 전혀 실적이 오르지 않으니
계속 영업을 하는 것은 미래가 없다. 직업을 바꾸자. 심리학
을 좋아하니 심리상담사가 되자!'

이런 마음으로 상담사 양성강좌에서 NLP 심리학을 배웠다.

NLP 심리학에서 배운 것을 고객에게 적용해봤더니 어느 순간 실적이 올라가기 시작했다.

내가 갑자기 변한 이유는 두 가지였다.

하나는 페이싱을 중심으로 한 의사소통 기술을 배웠고,

또 하나는 '이 모습 이대로도 좋다'라고 하는 자기 긍정감이 생겼기 때문이다.

이로 인해 월급은 100만 원대에서 1,000만 원대로 뛰었고, 만년 평사원이던 내가 직책을 달았으며, 부하직원도 생겼다.

재미있게도 부하직원에게 NLP 심리학을 전수했더니, 그 직원

도 실력을 발휘하기 시작했다. 그 결과 전국 영업사원을 가르치는 사내연수 트레이너가 되기도 했다.

자신을 싫어하고 자신감이 부족했던 내게 NLP 심리학은 대단한 영향을 끼친 평생의 맹우 같은 존재다.

그중에서도 페이싱은 마음이 든든한 스킬이다.

페이싱의 종류

페이싱은 크게 나누면 3가지다.

① 신체언어 페이싱

② 소리 페이싱

③ 말 페이싱

각 사용법을 마스터하면 순식간에 눈앞의 사람과 친밀한 관계를 만들 수 있다.

NLP 심리학

NLP 심리학은 1970년대 리처드 밴들러와 존 그리더에 의해 만들어졌다. 처음에는 심리치료에 쓰였지만 분야를 넓혀서 지금은 일상생활이나 업무에도 사용할 수 있고, 많은 사람들, 예를 들어 프로 선수, 경영자들도 NLP를 활용하여 성과를 올리고 있다.

NLP는 Neuro-Linguistic Programming의 약자로 '신경 언어 프로그래밍'을 말한다. 사람은 오감을 통해 모든 것을 체험하는데, 이 오감을 통해 얻은 정보를 언어를 이용해 생각하고, 의미를 부여하고 커뮤니케이션을 한다. NLP는 바로 이 신경, 언어, 프로그래밍의 상호 작용을 밝히는 것이다. 만약 상사에게 "제대로 좀 해봐" 라는 말을 들었으면(오감) 그것에 "혼났다" 라는 의미를 부여해서 "앞으로 잘 하겠습니다" 라는 말을 하게 되는데 그것이 linguistic(언어)이다. 그 사고 작용이 프로그래밍이고 그 프로그래밍을 바꾸면 "제대로 좀 해봐!" 라는 말을 들었을 때 "난 기대 받고 있구나" 라는 의미를 부여하고 "열심히 하겠습니다." 라는 말을 할 수 있게 된다. 현실의 내용을 바꾸기보다는 현실을 체험하는 프로세스를 바꾸는게 더 가치있다는 것이다. 이것이 NLP이다.

페이싱

페이싱은 자신과 비슷한 사람, 공통점이 많은 사람에게 안심과 친밀감을 느끼는 것이다. 페이싱을 통해서 친밀감을 쌓을 수 있다.

친밀감을 쌓기 위해서는 자세나 몸짓 등의 신체움직임을 맞추는게 좋은데, 이것을 미러링(mirroring)이라고 한다. 마치 거울속의 내 모습처럼 상대방의 모습을 따라하는 것이다. 상대방이 등을 꼿꼿이 펴고 있으면 나도 그렇게, 의자에 깊게 앉아 있으면 나도 그렇게 앉는 것이다. 이것은 흉내내기와 다르다. 커뮤니케이션을 하는 사람들끼리 자세가 비슷해지는 것이다. 친한 친구나 연인끼리 즐거운 대화를 하는 것을 보면 자연스럽게 같은 자세가 되는 것을 알 수 있다.

고객이 느긋하게 말하고 있다면 직원도 느릿하게 말하면서 커뮤니케이션을 하는 것이다.

페이싱에는 자세나 행동을 맞추는 것 외에도 언어나 호흡, 감정을 맞출 수도 있다. 상대가 굳이 신축물건이라는 단어를 쓰면 그런 단어를 맞춰서 써 주는 것이다. 상대방의 호흡속도나 감정 등을 맞춰서 이야기하면 친밀감을 쌓을 수 있다.

턱의 움직임이
대화를
좌우한다

신체언어 페이싱에서 가장 중요한 것은 '호흡 페이싱'이다.

호흡이 딱 맞으면 깊은 신뢰관계가 생긴다. 그러나 호흡을 맞추려면 상당한 훈련이 필요하다.

그런데 특별한 부분의 움직임으로 페이싱을 하면 순식간에 상대방과 호흡이 일치한다. 바로 '턱 페이싱'이다.

'턱 페이싱'은 간단하지만 매우 강력한 힘을 발휘한다.

턱 페이싱 방법

우선 상대방에게 어떤 질문을 한다.

그러면 서로 말하기 시작한다.

말하는 동안에 턱이 움직인다.

이때 상대방 턱의 움직임을 따라 똑같이 움직이는 것이 턱 페이싱이다. 같은 템포와 깊이로 맞장구를 치는 것이다.

느긋한 템포로 움직이면 이쪽도 느긋한 맞장구를 치면 된다.

깊은 템포라면 이쪽도 깊이 있게 맞장구를 친다.

작고 세밀한 움직임을 보이면 이쪽도 세밀하게 반응을 보인다.

나는 언제나 세미나에 온 사람들에게 반드시 턱 페이싱을 실습시킨다. 그런데 뜻밖에도 지식으로는 알고 있지만 실제 해보면 잘 안 되는 사람이 많다.

"리듬이 맞지 않았어요."

"깊이가 부족한데요."

이런 식으로 조언해도 쉽게 바뀌지 않았다.

그래서 최근에는 스마트폰으로 동영상을 찍게 했다. 그러자 여기저기서 비명 비슷한 소리가 들렸다.

"전혀 페이싱을 하지 않네. 잘 한다고 생각했는데…."
"잘 될 것 같았는데 동영상을 보고 실망했다."
"자신과 상대방의 파장이 전혀 다른 걸 보고 놀랐다."

라고 입을 모았다.

자신의 몸은 거의 무의식 상태에서 움직인다.

컨트롤하고 있는 것 같아도 언제나 버릇대로 움직이는 경우가 많다. 당신의 버릇이 상대방과 같은 리듬이면 가만히 있어도 페이싱이 된다.

하지만 서로 같은 사람만 있는 건 아니다.

그러니 어떤 경우에도 상대방에게 맞추는 것이 중요하다.

그러면 파장이 맞지 않는다고 느끼는 사람이 점점 줄게 된다.

어떤 상대와도 마음 편하게 대화할 수 있게 된다.

음색으로 상대방의
마음을 잡는
네 가지 요령

턱 페이싱을 하다보면 전체적인 신체언어가 일치되기 시작하며 자연히 목소리 페이싱도 따라간다.

목소리 페이싱에는 네 종류가 있다.

1. 소리의 템포를 맞춘다

턱을 움직이는 템포가 맞으면 말하는 템포도 맞게 된다.

말이 빠른 사람에게는 "네", "응" 하고 빠르게 맞장구를 쳐준다.

천천히 말하는 사람에게는 "네에", "으응" 하고 천천히 맞장구를 쳐준다.

이것은 턱의 페이싱과도 같다.

2. 음정을 맞춘다

다음에는 소리의 음정과 박자를 맞춘다.

낮은 목소리로 말하는 사람을 대할 때는 가능한 목소리를 낮추되 어둡거나 무뚝뚝하게 보이지 않게 조절한다.

밝고 목소리 톤이 높은 사람을 대할 때는 본인의 목소리보다도 한 단계 높은 톤으로 말한다.

콜센터에서 일하는 전화 상담원이나 텔레마케터는 자기 목소리보다 3도 정도 음정을 올리는 것이 좋다.

자기 목소리가 음계로 말해 '도'라면 '미'로 올린다.

5도 올라 '솔'이 되면 너무 높은 듯 느껴진다. 이런 톤은 나이 많은 부인이 많이 쓰는, 격식 차린 목소리라는 인상을 주는 소리다.

그러나 상대방의 목소리가 '솔'이라도 가능하면 같은 음정으로 맞춰야 파장이 맞다.

3. 음량을 맞춘다

음정을 맞췄으면 다음에는 음량을 조정한다.

목소리가 큰 사람에게는 크게 한다.

소리가 작고 소곤소곤 말하는 사람에게는 같은 음량으로 말한다.

한번은 어머니를 모시고 병원에 간 적이 있다.

30대 초반 정도로 보이는 의사와 상담을 했는데, 의사의 목소리가 아주 밝고 힘 있어 대기실까지 들릴 정도였다. 물론 어머니는 소곤소곤 말했기 때문에 거의 들리지도 않았다.

흔히 목소리가 힘 있고 밝으면 좋다고 생각하기 때문에 어떤 상대방에게도 힘 있고 밝게 대하는 사람이 있다.

하지만 쇠약해져 진찰을 받으러온 환자는 이런 목소리에 오히려 스트레스를 받을 수 있다.

마찬가지로 언제나 밝고 힘이 있는데도 영업 능력은 부족한 사람이 있다. 상대방과 관계없이 힘 있고 밝게 다가가면 속삭이듯 말하는 사람이나 조용한 것을 좋아하는 사람과는 파장이 맞지 않는다.

신규 개척 영업이라면 고객에게 전화를 걸어 만날 약속을 잡는 경우가 많다. 처음으로 전화를 건 시점에서는 고객이 경계심을 품는 경우가 많다.

그러므로 처음부터 밝고 힘 있게 대해주는 사람은 극히 드물기

마련이다. 경계하면서 작게 대답을 하는 고객에게 자신의 평소 페이스대로 말을 걸면 쉽게 약속을 잡을 수가 없다.

4. 간격을 맞춘다

목소리 템포, 음정, 크기가 맞았으면 마지막으로 간격을 맞춘다.

힘 있게 말하는 사람은 대개 템포가 짧으며, 템포가 짧으면 맞추기는 편하다. 맞추기 어려운 것은 천천히 소곤소곤 말하는 사람이다. 이런 사람은 질문을 하면 대부분 대답이 돌아오기까지 사이가 아주 길다. 하지만 그렇더라도 상대방과 같은 간격으로 대화하는 것이 중요하다.

보통 대답이 돌아오기 전에 말해 버리는 사람이 많으나, 상대방에 따라서는 5초나 10초의 간격을 사용하는 사람이 있다는 걸 명심해야 한다.

대답을 천천히 기다려야 깊은 신뢰관계가 쌓인다.

누가 들어도
기분 좋은 말

마지막으로 소개하고 싶은 것이 '말의 페이싱'이다.

"저는 골프를 좋아하는데요."

상대방이 이런 말을 했다면 어떤 대답을 해야 할까?

"네, 주로 어디서 플레이하나요?"
"그렇군요. 언제부터 시작했죠?"
"네, 누구와 함께 가나요?"

"네 어느 골프장에 가나요?"

"네, 저도 좋아해요. 지난주도 하루에 2라운드 뛰었거든요."

"좋네요. 골프는 좋은 취미죠."

이렇게 대응하는 것은 모두 실격이다.

상대방이 골프를 좋아한다고밖에 말하지 않았기 때문에 이제부터 무슨 말을 할지 아무도 모른다. 아직 모르는 단계에서 듣고 있을 뿐이다. 그러면 어떻게 대답하는 것이 좋을까?

가장 확실한 대답

"저는 골프를 좋아하는데요."

"네? 골프요?"

이렇게 상대방의 말을 그대로 말하는 것이 가장 좋다. 이것이 상대방의 두뇌 지도에 페이싱하는 대답이다. 신체언어는 다소 이상한 얼굴을 하면서 듣는 것이 포인트다.

여러 질문을 하고 싶다는 점은 이해한다.

그러나 그런 질문은 듣는 사람의 흥미나 호기심에서 나올 수 있다.

"언제나 가는 골프 코스는?"
"언제부터 시작했는가?"
"함께 가는 사람은?"
"다니는 골프장은?"
등은 상대방이 말하고 싶은 이야기일까?

어쩌다 맞을 수도 있지만 확률은 상당히 낮다. 최악의 대응은
"저도 골프를 좋아해요. 지난주에도 하루에 2라운드나 뛰었어요."
라고 말을 막아버리는 패턴이다.

이를 막기 위한 가장 확실한 응대는 상대방이 하는 말을 그대로
말해주는 것이다. 이것이 상대방의 두뇌 지도를 존중하며 듣는 태
도다.

사람은 제작기 다른 두뇌 지도가 있다. 나는 세미나에서 '사랑'
을 말로 표현해 보라고 한다. 그러면 "네? 그게 왜 사랑이죠?"라고
물을 만큼 나의 두뇌 지도로는 도저히 상상할 수 없는 표현이 많이
나온다. 반대로 갑자기 대화가 끊기는 일이 있다.

"그런 일을 당하면 누구나 화가 나겠죠?"

"그럼요. 신경을 건드리는 건 당연하죠."

"신경을 건드리는 정도가 아니죠."

"에? 분노를 느낀다는 건가요?"

"아니, 신경 따위가 아니고요."

이렇게 말을 바꾸면 상대방이 쉽게 이해하지 못할 수도 있다. 말 하나하나의 해석은 사람에 따라 다르기 때문이다.

한때는 나도 '이런 말은 이런 의미다.'라고 자기 식으로 생각했다. 그러다 보니

'왜 저 사람과는 대화가 통하지 않지?'

'이 정도로 설명했으면 알아들어야지. 정말 이상한 사람이야'

라며 화를 내는 일도 많았다.

상대방의 두뇌 지도를 확실히 파악해 상대방이 알아들을 수 있는 말을 쓰는 것이 중요하다. 이를 위해서도 상대방과 같은 말을 써서 상대방의 두뇌 지도에 가까이 가는 노력이 필요하다.

제3장

본심을 끌어내는 심리학

상대방이 기분 나빠하거나 의견을 받아주지 않을 때가 있다.
이는 사람의 심리를 모르고 접근했기 때문이다. 심리를 알고 상대방의 마음을 읽는 기술을 익히면 인간관계가 극적으로 변한다.

왜
남자와 여자의
마음은 다른가?

사무적인 의사소통밖에 하지 못하는 사람은 이성 관계에서 어려움을 겪는 일이 많다.

예를 들어 상사에게 보고할 때는 육하원칙에 따라 말할 필요가 있다.

'언제(When), 어디서(Where), 누가(Who),

무엇을(What), 어떻게(How), 왜(Why)'

이것을 확실히 파악해 보고하는 것이 바람직하다.

상대방의 말에서 5W1H가 빠져 모호하다면 듣는 사람이 질문을 해서 정확한 정보를 얻어야 한다.

이런 비즈니스라면 자신의 감정을 전할 필요도 없는 경우가 많다. 그러나 이성 관계에 어려움을 느끼는 사람은 비즈니스 상황일 때와 똑같은 말을 한다. 특히 이론적인 남자가 감각적인 여자를 만났을 때 하기 쉬운 패턴을 소개하겠다.

여자는 마음을 알아달라고 하는데 남자는?

여자: "있잖아. 들어봐. 오늘 과장이 나에게 화를 냈어. 요즘 일에 실수가 잦다고."

남자: "그래? 어제?"

여자: "오늘 점심에. 점심 먹을 시간에 붙잡혀 야단만 맞았어. 근데 별것 아닌 일 가지고 말을 너무 심하게 하는 거야."

남자: "뭐라고 했는데?"

여자: "이 일을 한 지도 오래되었는데 이런 실수가 나오면 안 된다나."

남자: "몇 년 근무했더라?"

여자: "7년. 좀 심하다고 생각지 않아? 열심히 했는데 말이야."

남자: "어떤 실수였는데?"

여자: "대수롭지 않은 계산착오였어. 잠깐 깜박했거든. 그리 고 그리 큰 문제는 아니란 말이야."

남자: "그래? 어제 밤을 새웠으니까 그렇지. 오늘부터는 일찍 자."

여자: "또! 내 이야기 잘 들어봐!"

남자: "잘 듣고 있잖아."

여자: "됐어! 짜증 나!"

남자: "왜 화를 내고 그래."

여자: "화내는 거 아니야."

이 남자의 문제는 뭘까?

남자는 보통 직장에서처럼 이야기 내용에 초점을 맞춰 육하원칙에 따라 듣고 말한다. 대화를 하려면 정보를 정확하게 들을 필요가 있다고 생각하기 때문이다. 또한 조언하려면 주변 정보를 확실히 알아야 한다고 느끼기 때문이다.

더구나 쓸데없는 조언까지 해버렸다. 여성이 상담을 요청할 때는 대부분 조언을 바라는 것이 아니라는 사실을 남자들은 알아야 한다.

　남자는 정보를 정확하게 듣는 것으로 소통하려 한다.

　그러나 여자는 정보를 들어주기 바라는 게 아니다.

　여자가 들어주기를 바라는 것은 바로 공감해주는 마음이다. 감정을 알아달라는 것이다. 그러므로 언제, 어디서, 무엇을, 어떻게 말했는지는 중요하지 않다.

　잘 듣는 사람이라면 자세한 정보를 알고 싶다 해도 굳이 언급하지 않는다.

　여자는 괴롭고 화가 났다는 감정을 알아주기를 바라고, 자신의 마음에 공감해주기를 원한 것이다.

　감정에는 플러스 감정과 마이너스 감정이 있다.

　플러스 감정은 '기쁨'의 한 종류다.

　마이너스 감정은 슬픔, 분노, 불안, 괴로움 네 종류다.

　앞의 예로 설명하면, 여자는 과장이 화를 낸 것에 대해 분노의 감정이 있다.

　이 경우 다음과 같이 말을 걸어보면 화도 가라앉고 하소연도 이어지지 않았을 것이다.

"별것도 아닌 실수로 그렇게까지 하다니 화가 날 만도 하네."

이 경우라면 분노의 감정을 대변해 공감을 전해야 한다. 이렇게 해야 의사소통을 제대로 했다고 할 수 있다.

조언하지 마라

앞의 대화를 다시 한 번 재현해 보자.

여자: "대수롭지 않은 계산착오였어. 잠깐 깜박했거든. 그리고 그리 큰 문제는 아니란 말이야."

남자: "그래? 어제 밤을 새웠으니까 그렇지. 오늘부터는 일찍 자."

여자: "또! 내 이야기 잘 들어봐!"

남자: "잘 듣고 있잖아."

이와 같이 원치 않은 조언이 여자의 분노에 불을 붙였다.

상담을 원했다 해도 "이렇게 하는 게 좋다. 저렇게 하는 게 좋다"라며 즉시 조언하는 것은 득이 될 게 없다.

그 전에 확인해야 할 사항이 있다.

지금 상대방이 어떤 상태에 있는지 들어본 후가 아니면 초점이 맞지 않는 조언을 할 수 있기 때문이다.

① 전혀 선택할 것이 없는 상태

② 선택할 것은 있지만, 어느 것을 선택해야 할지 결정되지 않은 상태

③ 어느 정도 어떤 것을 선택했으나 확신이 없는 상태

④ 어떻게 해야 좋을지 어느 정도 결정한 상태

고민을 해결해주는 전문가가 있다.

심리상담사나 컨설턴트, 코칭 전문가들이 바로 이런 일을 한다.

심리상담사는 심리적으로 고통스러워하는 사람의 마음에서 브레이크를 제거해 주는 사람이다.

컨설턴트는 전문 분야에서 실적과 경험이 있는 사람이다. 그래서 구체적인 방법을 제시해 줄 수 있다.

코칭 전문가는 목표 달성을 위해 어떻게 하면 좋은지를 정리해주고 행동력을 끌어내 주는 사람이다.

심리상담사나 코칭 전문가는 기본적으로 조언을 하지 않는다.

기본적으로 '모든 답은 클라이언트 안에 있다'라는 생각이 있기 때문이다.

조언은 주관적이다.

필요하다면 감정만을 전하기도 하지만, 주관적인 조언을 하지 않고 자력으로 찾도록 돕는 것이 심리 전문가다.

주변에 이런 사람이 있지 않은가?

"뭐야, 그 사람! 모처럼 조언해줬더니 결국 뭐 하나 행동에 옮긴 것이 없어. 정말 짜증 나."

사람은 자기 안에서 나온 아이디어가 아니면 좀처럼 행동하지 않는다.

그러므로 남의 조언을 행동으로 옮기기란 매우 어렵다.

앞의 예는 상대방을 위해 생각하고 조언을 했다기보다 자기만족을 위해 조언을 한 사례다. 이런 경우 말한 대로 하지 않으면 화가 날 수 있다.

남자와 여자의 차이도 있다.

여자는 고민이 있으면 주변 사람에게 털어놓으면서 말끔히 고민을 해소하는 경우가 많다. 여자들이 수다를 좋아하는 것은 각자가 상담역, 클라이언트역이 되어 말을 들어주면서 고민을 해소하기 때문이다.

반면에 남자는 고민이 있어도 함부로 남에게 고민을 말하지 않는다. 남자에게 고민을 입에 담는 것은 상대의 수하에 들어가는 것을 의미하기 때문이다.

멘토라 생각하는 존중하고 믿을 만한 사람에게 상담할 수는 있지만, 그 외 다른 사람에게는 가볍게 상담하지 못한다.

자신의 약점을 드러내는 것은 자존심 상하는 행위라고 느끼기 때문이다.

잠깐 고민에 휩싸일 수는 있다. 그러나 어느 정도 목표가 서야 비로소 남에게 털어놓을 수 있다.

이런 남녀 차이가 불필요한 충돌을 낳는다.

남자는 확실한 아이디어를 제공해주는 사람에게만 조언을 구한다. 그러므로 남이 고민을 상담해오면 자신을 믿고 도움 되는 조언을 구하고 있다고 착각해버린다.

그런데 여자는 고민을 말하면서 감정을 토로할 상대가 필요한 것이다. 싫은 기분을 털어버리고 해결을 향해 정리하면서 말하기 때문에 조언 따위는 필요 없다.

그러므로 남자가 조언을 하면 여자는 자신의 마음을 몰라준 것 같아 화가 나거나 슬퍼진다.

이와 반대도 있다.

남자가 고민할 때는 전혀 말을 하지 않는다.

이럴 때 잘 모르는 사람은 "고민이 있으면 말해 봐. 왜 말을 못 하는 거야?" 하며 털어놓기를 재촉한다.

남자 입장에서 고민을 털어놓는 행동은 무능하다는 말처럼 굴욕적인 일이다.

"문제가 있는듯한데 혼자 해결할 능력이 없을 테니 한번 말해 봐."라고 말하는 것과 같다.

편의상 이 책에서는 남자와 여자라는 카테고리로 나누었으나 일률적으로 말할 수는 없다. 남자 중에도 가볍게 남에게 의지하는 여성의 뇌를 가진 사람이 있는가 하면, 여성 중에도 남에게 절대로 빈틈을 보이지 않으려는 남자의 뇌를 소유한 사람도 있기 때문이다.

아무튼 상담할 때는 상대방을 확인할 필요가 있다.

가장 간단한 방법은 상담할 때 물어보는 것이다.

"먼저 확인하고 싶은 게 있어. 그냥 이야기 들어주기를 원하
 는 거야? 아니면 조언해 주기를 원하는 거야? 어느 쪽이 좋
 지?"

서로를 위해 이런 의사소통은 꼭 필요하지 않을까?

효과적인
감각에 맞춰
말하라

누구와도 의사소통을 잘하는 사람은 대부분 공감하는 능력이 뛰어나다. 공감 능력은 오감을 사용하는 능력이다.

사람은 오감으로 정보를 처리한다. 시각, 청각, 촉각, 후각, 미각 이 다섯 감각을 통해 뇌에 정보가 입력된다.

처리된 정보는 말로 조합되고 사고하게 한다. 그리고 다양한 반응으로 연결된다.

사실 오감을 사용하는 법은 사람마다 달라서 알 수 없다.

오른팔과 왼팔이 있어도 오른손잡이는 거의 오른팔을 사용한다.

오감도 마찬가지다. 다섯 감각이 있어도 사람마다 잘 사용하는 감각이 따로 있다. 시각이 강한 사람이 있는가 하면, 시각이 약한 사람도 있다.

시각이 강한 사람을 시각 우위, 청각이 강한 사람을 청각 우위라 한다.

그리고 촉각, 후각, 미각이 강한 사람을 신체감각 우위라 한다. 이들 특성은 개성으로 이어지기도 하지만, 상대를 이해할 수 없는 이유가 되기도 한다.

시각 우위의 특징

- 생각할 때 위를 보는 경향이 있다.

- 몸가짐에 많이 신경 쓴다.

- 보이는 것을 중시해 외모에 마음이 움직이기 쉽다.

- 색상 조합을 잘하고, 멋을 부리는 편이다.

- 정리정돈을 좋아한다. 외모가 지저분하면 스트레스가 쌓인다.

- 주변 소리에 영향을 받지 않는다.

- 마음이 여기저기 흐트러지기 쉬워 말이 다른 방향으로 튄다.

- 말로 한 지시를 그림으로 처리하기 때문에 실수가 잦다.

- 보면서 배우기를 잘 한다.

- 템포가 빠르고, 말도 빨리한다.

시각 우위가 좋아하는 말

- 미래는 밝다.

- 이미지가 그려지지 않는다.

- 돋보인다.

- 한눈에 보인다.

- ~처럼 보인다.

청각 우위의 특징

- 생각할 때 눈을 좌우로 움직인다.

- 말에 대한 감각이 예리하다.

- 이론적이다.

- 자문자답하거나 독백을 한다.

- 잡음이 있으면 집중하지 못한다.

- 말로 전해진 것을 쉽게 그대로 되풀이할 수 있다.

- 듣고 배우는 것을 잘 한다.

- 음악을 듣거나 전화 통화하기를 즐긴다.

- 말하는 스피드는 중간 템포.

- "아…", "에…" 같은 비언어나 의성어, 의태어를 많이 쓴다.

청각 우위가 좋아하는 말

- 저 사람은 리듬이 맞지 않는다.

- 색상이 어지럽다.

- ~처럼 들린다.

신체감각 우위의 특징

- 생각할 때 아래를 보는 일이 많다.

- 움직이거나 말하는 속도가 늦다.

- 구체적인 감촉이나 촉감에 반응하기 쉽다. 만지작거리는 것을 좋아한다.

- 공적인 공간이 좁다. 사람과의 거리가 시각 우위인 사람보다 상당히 가깝다.

- 뭔가 움직이거나 몸을 움직여 사물을 느끼는 경향이 강하다.

- 목소리 톤이 낮고, 소곤소곤 말하는 사람이 많다.

- 느끼면서 말하기 때문에 말하는 템포가 늦다.

신체감각 우위가 좋아하는 말

- 좋은 감촉으로 이야기가 진행되고 있다.

- ~한 느낌이 든다.

■ 그것은 달콤한 이야기다.

■ 맛있는 이야기다.

■ 소름이 끼친다.

감각에 따라 의사소통하는 방법은 크게 달라진다.

예를 들어 사랑받고 있다는 감각도 어느 감각이 우위에 있는가에 따라서 달라진다.

20대 여성이 상담을 요청해왔다.

"사귄 지 3개월 정도 됐는데 그가 최근에 달라진 것 같아요."

"그래요? 왜 그렇게 생각하죠?"

"처음에 저와 만날 때는 멋을 부리고 나왔는데, 최근에는 청
　바지에 티셔츠만 입고 나와요. 애정이 식은 증거예요."

"멋을 부리지 않으니 애정이 없다고 생각하는 거지요?"

"요전 날 제 생일이었는데, 목걸이를 선물로 준 것까지는 좋
　았어요. 근데 상자도 없고, 포장하지도 않은 채로 건네주는
　거예요. 너무 무신경한 거 아니에요?"

"무신경하다고요?"

"네. 함께 있을 때는 손을 잡고 달라붙어 떨어지지 않으면서

내가 하는 말은 들어주지도 않고…."

그 후 두 사람이 같이 왔을 때 말했다.

"마음에 들지 않는 점을 서로에게 말하기로 하지요."

여자: "난 네가 데이트할 때 너무 편한 차림으로 나오는 게
　　　맘에 안 들어."

남자: "너무 편한 차림이라고? 난 외모에 그다지 신경 쓰지
　　　않아. 남자는 외모보다 속이 꽉 차야 한다고 생각하니
　　　까 그냥 신경 안 쓴 것뿐이라고."

여자: "그건 나한테 신경을 안 쓰는 거로 생각돼."

남자: "그러는 너도 화장하는 데 시간이 걸린다면서 약속시
　　　간에 맨날 늦잖아. 그런 의미에서는 나를 소중히 생각
　　　해 주지 않는 느낌이 드는데?"

나: 　"두 사람은 유형이 다른 것뿐이에요. 남자는 시간을
　　　지켜줘야 자신을 소중하게 여긴다고 느끼는데, 여자는
　　　함께 있을 때 멋을 부리고 나와야 자신에게 신경을 써
　　　주는 것으로 생각하는 거지요?"

여자: "그런 점도 있지만, 저를 좋아한다는 느낌을 받고 싶
　　　은 거지요. 함께 있을 때 별로 웃지도 않고 어깨를 감

싸주거나 손을 잡아줄 때도 아무 말 없거든요!"

남자: "난 말로 표현하는 걸 싫어해. 좋아하는 마음을 느낌
　　　으로 알고 있다고 생각했는데."

나:　"두 사람이 삐걱거리는 원인은 우위 감각 차이 때문이
　　　에요."

남자: "우위 감각이요?"

나:　"그래요. 여자 쪽은 시각 우위이고, 남자는 신체감각
　　　우위인 것 같아요. 여자 쪽은 보이는 것이 중요해요.
　　　멋있는 차림으로 만나러 오거나 멋진 선물을 주면 자
　　　신을 존중해 준다는 느낌을 받을 수 있지요. 식당에 갈
　　　때, 남자는 분위기가 어떻든 맛만 있으면 좋다고 느끼
　　　죠? 하지만 여자는 아무리 맛있는 식당이라도 분위기
　　　가 좋지 않으면 자신을 소중히 여기지 않는다고 생각
　　　하는 겁니다."

남자: "정말 그래요?"

나:　"옷차림도 마찬가지예요. 남자는 기능을 따지거나 입
　　　었을 때 편한 차림을 고르지요. 여자는 달라요. 어떻게
　　　보일까 잘 따져보고 옷을 고를 테니 차이가 있지요. 그
　　　러니까 여자는 자기와 함께 있을 때 아무렇게나 입고

120

나오면 애정 부족이라고 느낄 수 있지요. 당신은 그런 의도가 없었어도 말이죠."

남자: "입었을 때 느낌이 좋은 옷을 고르니까 몸에 익은 티셔츠와 청바지를 가장 좋아하는 거예요."

나: "맞아요. 편한 옷을 입는 건 애정과는 상관없는 거지요. 서로 이제 익숙해져서 편한 차림을 하는 거로 생각해요."

남자: "그래요. 그 말이 맞아요."

나: "애정표현도 그래요. 신체감각 우위인 사람은 스킨십 자체가 애정표현인 거죠. 손을 잡고 어깨를 안으면서 사랑을 느끼는 거지요. 함께 있으면 편안한 것도 좋아하기 때문이고요."

남자: "네, 그 말씀이 맞아요."

나: "하지만 시각 우위인 여자는 함께 있을 때 '어떻게 보일까'가 중요해요. 어떤 옷을 입고 어떤 표정을 짓고 있는가? 그러니까 함께 있을 때 가능하면 멋을 부리는 게 좋지요. 여자 쪽은 신체감각 우위인 남자 쪽을 이해해 주면 좋겠네요."

이처럼 우위 감각이 다르면 생각이나 느낌도 다르다.

상대방이 시각 우위 타입이라면 외모를 소중히 해야 한다. 외모에 신경을 쓰고 선물도 예쁘게 포장해서 주는 것이 좋다.

상대방이 신체감각 우위 타입이라면 손을 잡거나 몸을 가까이 대는 것으로 애정을 전한다.

상대방이 청각 우위 타입이라면 '좋아한다', '사랑한다' 같은 말이 중요하다. 이처럼 상대방에 맞춰 애정을 표현해야 한다.

운동선수와 아나운서의 인터뷰

우위감각은 직업에도 있는데, 운동선수들은 주로 신체감각 우위의 사람들이 많고 아나운서들은 청각 우위의 사람들이 많다. 만약 이 둘이 만나서 인터뷰를 한다면 어떤 분위기일까?

아나운서는 청각 우위의 말을 사용할 거고, 운동선수는 신체감각 우위의 말을 사용하게 되니 서로 어색할 수밖에 없다.

"오늘 특별한 지시를 듣고 시합에 임하셨나요?"

"네, 좋은 느낌이라고 생각했습니다."

"오늘 결승전은 시간이 너무나 빠르게 지나갔죠?"

"네... 최선을 다하려고..."

"팬 여러분께 한 말씀 하시죠"

"아, 네.. 열심히 하겠습니다. "

우리의
능력을 끌어내는
기대의 법칙

사람은 기대한 만큼 성과를 내는 경향이 있다. 이것을 '피그말리온 효과(Pygmalion Effect)'라 하며, '교사기대 효과' 또는 '로젠탈 효과(Rosenthal Effect)'라고도 한다.

나는 이것을 '기대 효과'로 본다.

1968년, 캘리포니아 주립대학의 로버트 로젠탈(Robert Rosenthal) 교수는 샌프란시스코의 한 초등학교 학생들을 대상으로 실험을 진행했다. 지능 테스트를 한 다음 20퍼센트의 학생들을 무작위로 뽑아 명단을 교사에게 건네며 지능지수가 높은 학생들이라고 했다.

그런데 명단에 올라간 학생의 성적이 실제로 오르기 시작했다.

지능지수가 높을 거라는 교사의 긍정적인 기대가 실제 결과로 나타난 것이다. 학생들도 기대를 받고 있다는 것을 느꼈을 뿐인데, 기대가 성적 향상으로 이어졌다.

남들에게는 기대하는 말을 해야 한다.

예를 들어 "배려할 줄 아는군요!"라고 한번 말했다고 하자. 그러면 "그래요? 그렇지 않아요."라고 생각할 것이다. 하지만 한 사람이 아닌 여러 사람에게 같은 말을 들으면 '나는 정말 배려할 줄 아는 사람'이라고 생각하게 된다. 한 사람에게서 들은 말이라도 계속 반복해서 듣는 사이에 그 말은 신념으로 변한다. 그리고 그러는 동안 배려심이 없던 사람이라도 배려심이 많은 사람으로 변한다.

그러니까 상대방이 바뀌기를 바란다면 기대에 찬 말을 반복하면 된다. 하지만 주의해야 할 것이 있다. 엄마가 "넌 할 수 있는 아이야."라고 무턱대고 칭찬하면 실력이 동반하지 않는 나르시시스트(Narcissist, 자아도취에 빠진 사람)로 키우게 된다고 최신 연구가 밝히고 있다.

자존심을 높일 필요는 있다. 하지만 자존심이 높은 사람과 나르시시스트는 다르다. 미국 오하이오 주립대학 심리학과 브래드 부시먼(Brad Bushman) 교수는 이렇게 같이 말했다.

"자존심이 강한 사람은 자신이 남처럼 뛰어나다고 느낀다. 그
러나 나르시시스트는 자신이 남보다 뛰어나다고 생각한다."

나르시시스트가 되지 않으려면 칭찬하는 방법이 중요하다.

사람을 평가할 때 '헬로 효과(Halo Effect)'라는 현상에 좌우되는 일
이 있다.

헬로 효과는 미국의 심리학자 에드워드 손다이크(Edward Thorndike)
가 이름을 붙인 심리 효과다. 헬로 효과는 후광 효과, 또는 광배 효
과라고도 하며, 인물의 특징이나 태도에 대해 평가하면 다른 면을
평가할 때도 무의식적으로 편견이 생기는 현상을 말한다.

"인사를 잘하는 걸 보면 괜찮은 사람이다."

"책상 위가 항상 깨끗한 걸 보니 일도 잘할 것 같다."

"글씨를 예쁘게 쓰는 걸 보면 성격도 여성스러울 것 같다."

인사를 잘하는 것과 성품이 좋은 것은 관련이 없는 독립된 사항
이다. 그런데도 인사를 잘 한다는 특징이 인품에 영향을 준 것이다.

126

이것을 '긍정적인 후광 효과'라 하며, 누군가를 평가할 때 눈에 띄는 특징에 끌리는 것을 의미한다.

인사 컨설턴트에 의하면 인사평가 때는 기업의 면접담당자에게 후광 효과가 영향을 미치지 않도록 지도한다고 한다. 실제 실적 이상으로 높이 평가하거나, 실적 이하로 낮게 평가해서 인재를 잃는 일이 있기 때문이다.

사람들은 대부분 자신이 할 수 없는 일을 상대방이 해내는 걸 보고 대단하다고 평가하기 쉽다. 유명 대학 출신이라는 이유만으로도 일을 잘할 것이라고 평가하기도 한다. 영어를 잘하는 것만으로 대단한 능력이 있다고 생각하기도 하고, 밝은 성격이니 일을 열심히 해줄 거라고 생각하기도 한다.

반대로 어떤 특징 때문에 낮게 평가하는 것을 부정적인 후광 효과라고 한다.

"뚱뚱한 걸 보면 자기관리를 못 하는 거야."
"아이가 어른스러운 걸 보니 놀지도 않을 것 같아."
"책상 위가 지저분한 걸 보면 일도 잘 못 할 거야."
"지각을 많이 하는 걸 보면 칠칠치 못할 거야."

사람을 평가하는 입장에 있는 사람뿐 아니라 일반인도 후광 효과에 휘둘리지 않아야 한다.

명함을 주고받을 때 대표이사라는 직함만 보고 그 사람이 대단하다고 생각해버린다. 하지만 실제 주식회사의 대표이사는 300만 원만 있으면 누구나 할 수 있다.

후광 효과에 휘둘리는 것을 막는 몇 가지 방법이 있다.

우선 평가 기준을 명확히 해야 한다. 그리고 구체적인 행동이나 실적을 듣는다. 이렇게 하면 잘못 판단하는 일이 없다.

내가 10권 이상 책을 냈다면 대단한 사람으로 짐작하는 사람들이 있다. 하지만 함께 식사하거나 차를 마시는 동안 "보통 사람이네요? 뜻밖이에요?"라는 말을 들으면 미묘한 기분이 든다. 책을 쓰는 사람은 특별한 사람이라는 후광 효과가 있는 듯하다.

반대로 당신이 좋은 인상을 주고 싶을 때는 후광 효과를 최대한으로 사용해야 한다. 명함에 자격증을 모두 써넣거나 자신을 소개할 때 직함으로 어필하는 방법을 생각할 수도 있다.

하소연과 험담을
빨리 끝내는 방법

동료와 술을 마시러 가면 하소연과 험담만 한다.

어머니가 하소연하거나 남을 험담하기 시작하면 끝이 없다.

집에 가면 아내가 줄기차게 하소연해댄다.

동료나 엄마, 아내는 하소연과 험담을 통해 마음에 쌓인 것을 쏟아냈기 때문에 홀가분해졌을 것이다. 이들이 당신에게 하소연하는 것은 달리 들어주는 사람이 없기 때문이다.

그러니까 만약 당신이 이를 무시한다면 스트레스는 갈 곳을 잃고 폭발할지도 모른다.

당신은 들어주기만 해도 상대방에게 도움을 주는 셈이다.

"그래도 하소연과 험담이 너무 길다."
"그 하소연이 끝날 줄 모르니까 들어주는 데 한계가 있다."

이런 고민을 하는 사람에게 묻겠다.
하소연이나 험담을 하고 싶어지는 이유가 뭐라 생각하는가?
그것은 자신의 존재가치를 인정받고 싶다는 의미다.

'이 만큼 했는데 인정해 주지 않아.'
'남에게 도움이 되었다는 인정을 받고 싶어.'
'남을 깎아내리면 위로 올라갈 수 있어.'

하소연이나 험담을 하는 사람에게는 이런 심리가 작용한다.

험담 뒤에 숨은 두 가지 심리

"저런 사람 싫어! 그녀의 그런 점은 정말 싫어! 최악이야!"

이렇게 험담하는 사람의 마음에는 두 가지 심리가 숨어 있다.

대상이 되는 사람을 깎아내리면 상대적으로 자신에 대한 평가가 올라가는 것처럼 느끼기 때문에 험담을 한다. 심리학으로 말하면 '끌어내리고 싶은 심리'다.

험담의 바탕에는 사실 부러운 감정이 깔려있다. 그러니까 자신보다 못한 상대방의 약점을 공격해서 자신의 가치를 확인하려는 것이다. 하소연이나 험담은 자신의 존재가치를 인정받고 있지 못하다는 사인이다. 그래서 그 기분이 충족되면 마음이 후련해진다. 제삼자에게 자신의 유능함을 어필하는 것이다.

또 하나는 '투영의 심리'다.

"뭐야 저런 모습을 보이고도 부끄럽지도 않은가 봐?"
"저 나이에 창피한 줄도 모르고 추파를 던지는 것 좀 봐!"
"남의 험담이나 하고 다니는 저질!"

이들 말 뒤에는 다음과 같은 심리가 숨어 있다.
'사실은 나도 하고 싶다.'

"아니야, 그렇지 않아!"

"나는 하고 싶지도 않고 그런 마음 추호도 없어!"

이처럼 반론할 수 있다. 하지만 사실이다.

주위의 비난을 받을까 봐 또는 부모나 직장 등 주변의 눈을 생각하면서 참는 것일 뿐, 사실은 정말로 하고 싶었을 것이다.

예전에는 자신도 남의 흉을 보는 등 험담을 했지만 그렇게 하는 것은 부끄러운 일이라고 주의를 받았을 수도 있다. 아니면 누군가에게 혼난 후 이제는 하지 않으려 꾹 참는 것일 수도 있다.

자신이 참고 덮어둔 것을 실행하는 사람이 눈앞에 있으면 무의식적으로 감정이 올라오기도 한다.

"난 이렇게 꾹 누르고 있는데, 저 사람은 왜 저러는 거야?"

"해선 안 되는 걸 참지 못하고, 주변의 눈도 의식하지 않는
 저따위 사람은 어떤 유형이지?"

"꾹 참고 사는 나만 손해 보는 거 아니야?"

"그래, 이런 인간은 내가 손을 봐 줘야 해!"

이렇게 해서 규칙이나 규범을 방패로 험담하거나 비난하기 시작한다. 자신은 입을 다물고 있는데 남은 주위 눈을 의식하지 않고 한다는 데 화가 나기 때문이다.

규칙이나 규범에 갖다 대고 정의를 가장해 쇠망치를 내려치는 것이다.

자신이 험담하고 싶어질 때는 자문자답해 보라.

"나는 무엇이 부끄러운가?"
"내 과거의 어느 부분을 후회하는가?"

눈앞에 나타난 현상은 죄다 자신의 거울이다.

거짓말을 하는 사람의
네 가지 특징

영국의 동물행동학자이자 『털 없는 원숭이』의 저자 데즈먼드 모리스(Desmond Morris)가 쓴 『피플 워칭』에서는, 신참 간호사들에게 '환자에게 거짓말을 하는 능력을 시험한다'는 명목으로 거짓 이야기를 하게 하는 실험을 소개하고 있다. 간호사 전원이 거짓말할 때는 어떤 공통적인 사인(sign)을 보였다.

진실을 말할 때는 전혀 보이지 않았던, 거짓말을 할 때만 보이는 특징은 다음의 네 가지였다.

손을 많이 움직인다

적당한 제스처를 써야 상대방에게 대화를 잘 전달할 수 있다.

그러나 거짓말을 할 때는 손의 움직임이 더 많아진다.

팔짱을 끼고 있어도 손가락을 꼼지락거리듯 작게 움직인다면
거짓말을 하고 있을 가능성이 높다.

피노키오 효과

자신이 없을 때나 거짓말을 할 때는 자신을 만지고 싶어진다.
그중에서도 거짓말을 하고 있을 때는 얼굴을 만지고 싶어한다. 특
히 무의식적으로 손을 코에 갖다 대는 경우가 많다. 이 현상을 '피
노키오 효과'라 하는데, 미국의 정신과 의사인 앨런 허슈(Alan R.
Hirsch)와 찰스 울프(Charles woolf)는 이것을 학문적으로 검증했다.

거짓말을 하면 콧속 조직이 팽창하는 호르몬이 방출되고 코 주변
의 혈액순환이 좋아져 가렵기 때문이다. 그래서 코를 만지게 된다.

그리고 입술을 만지는 일도 많아진다. 이런 행동은 '지금 말한
것을 입안에 다시 담고 싶다'는 표현일까? 이 경우 오른손잡이든

왼손잡이든 상관없이 왼손으로 만지는 일이 훨씬 많다.

심리학자 폴 에크먼(Paul Ekman) 교수는 이렇게 말했다.

"자신이 말하는 걸 믿어주지 않으면 어떡하지 하는 불안과, 거짓말이 탄로 나는 것은 아닐까 하는 불안이 표면으로 드러난 것이다."

앉은 자세를 고치는 횟수가 늘어난다

거짓말을 하고 있을 때는 손의 움직임이 자연히 많아지고 가만히 있기 어려워진다. 의자에 앉아 있으면 몸을 고쳐 앉고 싶다는 욕구를 누르지 못하는 상태에서 자세를 고치는 일이 많다.

어깨를 움츠리는 횟수가 늘어난다

거짓말을 할 때 어깨를 움츠리는 횟수가 늘어난다는 연구 결과도 있다. 사실 우리 같은 동양인은 별로 하지 않는 제스처지만, 긴장을 풀고 싶다는 욕구가 몸에 나타난다는 것이다.

이처럼 신체언어에는 많은 정보가 숨어 있다.

거짓말을 할 때는 시선을 맞추지 않는다는 주장도 있다.

하지만 그건 아무래도 틀린 것 같다. 청소기 영업을 할 때 어떤 인상적인 체험을 한 적이 있다.

단독주택에 사는 30대 주부를 상대로 청소기를 보여 주며 상담을 한 끝에 계약서에 사인을 받는 중이었다. 그때 창밖에 한 남자가 나타났다.

"어이, 당신 뭐하는 거야?"

이 말을 남기고는 남자가 현관에 들어섰다. 그때 부인이 허겁지겁 계약서를 보이지 않게 숨겼다. 남편이 집 안으로 들어오자마자

"그 엄청난 청소기를 사려는 거지?"

하고 부인에게 물었다.

그러자 부인은 시선을 조금도 떼지 않고

"안 살 거야! 설명만 듣고 있을 뿐이거든?" 하며 노려봤다.

"정말로 안 살 거지?"

"안 산다니까!"

"알았어. 그럼 됐어!"

　남편은 이렇게 내뱉고는 옆방으로 갔다. 나중에 납품하러 갔을 때 "남편에게 어떻게 설명하실 거예요?" 하고 묻자, 부인은 "괜찮 아요. 어떻게 되겠죠."라고 대답했다.

　내가 놀란 것은 부인이 거짓말을 하면서도 전혀 시선을 떼지 않 았다는 사실이다. 거짓말을 할 때는 시선을 뗀다고 알고 있었다. 그래서 남편이 시선을 돌릴 때까지 계속해 노려보는 부인의 모습 을 보고 놀랐다.

　나중에 알게 된 건 '확신을 두고 거짓말할 때는 시선을 떼지 않 고 똑바로 바라본다'는 사실이었다. 할 말을 확실히 준비해 두었기 때문에 눈을 볼 수 있다는 것이다.

　NLP 훈련은 관찰력을 기르는 연습을 철저하게 한다. 거짓말을 하는지 알아내기 위해 다양한 각도에서 확인한다. 실습에서 눈의 움직임만 보고 있는 사람은 상대의 의도를 알아내기 어렵다.

　한 가지에 사로잡히지 않고 전체적으로 살피는 것이 관찰의 요 령이다. 본인은 숨기고 있어도 얼굴이나 몸 전체에 감정이 자연스 럽게 나타난다. 이것을 읽어내는 능력이 생기면 의사소통에는 전 혀 문제없게 된다.

제4장

싫어하는 유형이 없어지는 분석 심리학

이 사람은 저렇게 움직여 주는데, 저 사람은 왜 전혀 해주지 않는 걸까? 그것은 상대방의 유형에 따라 마음을 움직이는 포인트가 다르기 때문이다. 유형별 특징을 알고 효과적으로 말을 걸 줄 알면 싫어하는 유형이 사라진다.

유형에 따라
전달되는 말이
다르다

"이걸 하면 월급이 올라가니까 하는 게 좋아."

이런 말이 조금도 먹히지 않는 사람이 있다. 그래도 그런 사람이 다음과 같이 말하면 하려는 마음이 생길 수 있다.

"이걸 하지 않으면 올라야 할 월급 인상분만큼 손해를 보는 거야."

잘 생각해 보면 말하는 내용은 완전히 같은데 반응만 다를 뿐이다.

'어떤 사람에게는 효과가 있던 세일즈 토크가 다른 사람에게
는 전혀 먹히지 않는 것은 왜일까? 거기서 그치지 않고 불
쾌한 얼굴을 하는 사람조차 있다. 말하는 방법이 잘못된 걸
까? 그렇지 않으면 능력이 없는 걸까?'

하고 고민하던 시절이 있었다. 모든 사람에게 듣는 특효약 같은
말은 없다. 상대방의 유형에 따라 동기를 부여하는 말이 다르기 때
문이다. 이 유형을 NLP 기법에서 파생한 대응법으로 소개하겠다.

앞에서도 설명했다시피 NLP란 신경 언어 프로그램을 말한다.

인간 행동의 긍정적인 변화를 이끌어내는 천재 상담사를 연구
한 결과 공통된 패턴이 있었다. 그것을 체계화한 것이 NLP다.

상대방의 생각을 이해하고 뇌의 지도에 쓰인 것을 읽어내면 대
화를 잘할 수 있다. 이 대화 기법을 종합해 놓은 지식 체계가 NLP
심리학이다.

나는 서른 살 때 NLP를 처음으로 배웠다.

그 후 심리학을 더 깊이 배우고 자신을 성장시키는 노하우를 알려준다고 하면 바로 달려갔고, 좋은 책이 있다는 정보를 들으면 구입해서 읽었다.

이것이 계기가 되어 자기계발 분야의 권위자인 나폴레옹 힐 재단에도 입사했다.

능력개발 지도를 하면서 6년간 수만 명의 고민을 상담했다.

일에 대한 고민.

인간관계에 대한 고민.

돈에 얽힌 고민.

이 고민을 어떻게 하면 좀 더 효율적으로 단기간에 해결해 사람들의 성장을 도울 수 있을까?

이런 질문을 자신에게 던지며 방법을 모색하기 시작했다.

그 결과 NLP로 해결할 수 없는 고민을 하는 사람은 아직 만나보지 못했으며, 'NLP만큼 효과적인 도구는 없다'라고 확실하게 말할 수 있게 되었다.

NLP에는 수백 가지가 넘는 스킬이 있다.

그중에서도 언어 패턴에 관한 스킬은 상당히 실천적이며, 상대방의 유형에 따라 영향을 주는 말이 달라진다.

이 장에서는 NLP의 대표적인 스킬 중 하나인 유형별 언어 패턴과 메타 프로그램을 토대로 말하는 방법을 소개하겠다.

메타 프로그램에 대해서는 셸리 로즈 샤베이(Shelle Rose Charvet)의 책 『영향언어로 사람을 움직인다』를 참고했다.

주체적인 타입과
수동적인 타입

솔선해서 행동하는 사람이 있는가 하면 남이 움직이는 것을 보고 나서 움직이는 사람이 있다.

사실 어느 쪽이 좋고 나쁘다 말할 수는 없다. 일이나 역할에 따라 필요한 요소가 달라지기 때문이다.

솔선해 행동하는 사람을 주체형이라 하고, 수동적인 사람을 반응형이라 한다. 그런데 여기서는 알기 쉽게 반응형을 수동형이라 하겠다. 비율은 주체형이 20퍼센트, 수동형이 20퍼센트, 둘 다인 혼합형이 60퍼센트다.

이들 타입에는 장단점이 있다. 함께 살펴보자.

주체형

- 솔선해서 행동한다.

- 주저하지 않고 결단한다.

- 재빠르게 상황을 분석한다.

- 용의주도하게 준비하지는 않는다.

- 정중하게 지시하거나 명령하지는 않는다.

- 짧게 설명하기 좋아한다. 메일 등을 쓸 때도 짧게 쓴다.

- 성급하다.

- 말이 빠르다.

- 펜으로 책상을 두드린다.

- 가만히 있지를 못한다.

- 강인하여서 반감을 사기 쉽다.

- 남들이 행동하는 것을 느긋하게 지켜보지 못한다.

- 관료적인 태도로 천천히 처리하거나 사내 정치를 보면 가만히 있지 못한다.

- 행동으로 옮김으로써 동기를 부여한다.

수동형

- 충분히 이해했을 때 행동한다.

- 충분히 상황을 파악하고, 분석하고, 확인한다.

- 좀처럼 행동하지 않기 때문에 주위 사람이 조급해한다.

- 인내심을 갖고 기회를 기다린다.

- 장시간 앉아 있을 수 있다.

- 주어가 없어 무슨 말을 하는지 알 수 없을 때가 있다.

- 길고 복잡한 문장을 쓴다.

- '~한다면, 할 것이다.' 등 조건을 붙여 말하는 일이 많다.

- 스스로 행동하는 일은 없다.

- 주도권을 쥐고 행동하라고 요구하면 스트레스와 불안을 느낀다.

- 기다리는 일, 분석하는 일, 주위에 반응하는 일 등이 동기부여가 된다.

영향을 미치는 말

1. 주체형

주체형인 사람에게는 자기 의지로 나아가는 말이 크게 영향을 줄 수 있다.

"힘내자."

"일단 해보자."

"우선 뛰어들어라."

"지금이 기회다."

"정리해버리자."

"서두르자."

2. 수동형

수동형인 사람에게는 신중하게 말을 해야 영향을 줄 수 있다.

운이나 행운 같은 수동적인 말도 효과적이다.

"생각해 보자."

"따져봤으니까 괜찮다."

"이제 그 이유를 알겠지요?"

"검토해보세요."

"이제 때를 만난 거예요."

나는 전형적인 주체형이기 때문에 스스로 결정하지 않으면 스트레스가 쌓인다.

그리고 성격이 급해 속도를 중시한다. 뭔가 떠오르면 즉시 하고 싶어 좀이 쑤실 정도다.

예를 들어 새로운 세미나에서 아이디어가 떠오르면 즉시 홈페이지에 올린다.

이 때문에 날짜와 요일이 맞지 않는다든지 오탈자가 나오는 일이 부지기수다.

"자네는 다시 읽어봐야 한다는 걸 모르나? 일이 빠른 건 좋
  지만 내용이 너무 부실해!"

영업을 할 때는 사무 부문의 지적을 많이 받았다.

주어진 것을 그대로 하는 건 시시하게 느껴져 나름대로 바꾸기도 한다. 그러니까 주어진 일만 하라는 상사와는 끊임없이 문제가 생길 수밖에 없다.

이런 타입은 자기가 모든 일을 조정하려 하므로 세세한 일까지 지시하는 상사를 싫어한다.

일을 전적으로 맡겨주지 않으면 자유롭지 못하기 때문에 스트레스를 받는다.

수동형은 즉시 행동으로 옮기지 않는다. 주변의 모습을 살피고 나서 행동하기 때문에 팀워크를 중시한다. 주체형이 싫어하는 분석도 아주 잘 한다.

그래서 애널리스트에 딱 맞다.

수동형은 주체형의 부족한 부분을 도와주기 때문에 양쪽 모두 중요한 존재다.

목적 지향형과
문제 회피형

질문 하나 하겠다.

당신이 지금 일을 하는 이유는 무엇인가?

장래 목표가 있어 그것을 이루기 위해서인가?

아니면 일하지 않으면 먹고 살 수 없으니까?

행동의 동기는 두 가지로 분류할 수 있다.

목표를 달성하는 데 동기를 부여하는 목적 지향형과, 문제를 회

피하는 데에 동기를 부여하는 문제 회피형이 있다.

'목적 지향형'과 '문제 회피형'의 비율은 40대 40으로 같다. 나머지 20퍼센트는 혼합형이다.

이 분류도 어느 쪽이 좋고 나쁘다는 것을 말하려는 것은 아니다. 두 유형은 동기를 부여하는 방법이 각각 다를 뿐이다.

1. 목적 지향형

■ 자신의 목표에 의식을 집중한다.

■ 소유하거나, 취득하거나, 달성하거나, 도달함으로써 의욕이 생긴다.

■ 일의 우선순위를 잘 매긴다.

■ 목표를 향해 나아가는 힘은 있으나 문제점을 발견하거나 회피하는 것을 싫어한다.

■ 일어날 수 있는 문제에 무관심하다.

2. 문제 회피형

■ 피해야 할 사태나 문제를 의식한다.

■ 해결해야 할 문제가 있으면 의욕이 생긴다.

■ 문제를 해결하거나 처리를 잘 한다.

■ 일어날 수 있는 일을 잘 예측한다.

■ 문제에 몰두하기 시작하면 다른 것이 눈에 들어오지 않는다. 사물의 우선순위를 잊고 문제에만 집중하는 일이 많다.

영향을 주는 말

1. 목적 지향형

목적 지향형인 사람에게 세일즈하거나 의뢰할 때는 목표를 심어주고, 얻을 수 있는 것을 명확히 밝혀야 한다.

"이걸 하면 이런 일에 도달하게 되지요."

"그렇게 하면 ○○을 얻을 수 있을 거예요."

"그러면 ○○가 손에 들어오죠."

"꼭 좋은 일로 받아들이기를 바랄게요."

"이 상품의 메리트는 이런 점입니다."

"목표를 달성해야지요."

2. 문제 회피형

문제 회피형인 사람에게 세일즈를 하거나 의뢰할 때는 피해야 할 문제를 파악하게 한다. '○○하지 않으면 문제가 발생한다'라는 사실을 이해시키면 일을 순조롭게 진행시킬 수 있다.

"이걸 하면 ○○할 필요가 없습니다."

"그렇게 하면 ○○하지 않아도 되지요."

"문제를 없애 버려야지요."

"그것만으로는 아직 완벽하지 않지요."

내가 의사소통 기술을 전하는 일을 하는 것도, 관련 책을 쓰는 이유도 한 가지다. 자신이 인간관계에서 고통을 받고 고민한 경험을 살려 의사소통으로 고민하는 사람에게 도움을 주고 싶은 마음이 있기 때문이다.

그러니까 이 책을 쓰게 된 것도 '고민하는 사람에게 이 책이 힘이 되었으면 좋겠다'라는 동기가 그중 하나다.

반면 이런 마음도 있다.

'출판사와 약속한 것을 지키지 못하면 큰일 난다.'

'마감에 늦지 않기 위해 써야 한다!'

이런 동기부여도 크게 작용한다.

나는 목적 지향형 경향을 보일 때도 있고, 문제 회피형처럼 행동하기도 한다.

목표를 정하고, 목표를 위한 아이디어를 내고, '이렇게 하자, 저렇게 하자'고 마음먹는 시간은 행복하다.

이럴 때는 목적 지향형이다.

그러나 프로젝트가 시작된 후에는 문제 회피형 모드로 들어간다.

문제 회피형은 고쳐야 할 점을 잘 지적한다.

요즘은 출판을 하고 싶어 하는 사람을 지원하기도 한다. 원고 리라이팅을 할 때면 의욕이 샘솟는다. 문장을 고치는 작업이 아주 즐겁다. 또한 집필하는 일도 문제 회피형 특성을 살려 글을 쓴다.

블로그나 페이스북에 올렸다가 다시 쓰면 순조롭게 진행할 수 있다.

집필이라 하면 제로에서 문장을 쓴다는 이미지가 있을지도 모른다. 하지만 편집자와 어떤 내용으로 구성할 것인지 차례를 정하고 나면, 그 주제에 맞게 써나가는 것이 일반적인 흐름이다.

세미나에서 말한 것이나 블로그에 한 번 쓴 내용을 고쳐 쓰는 일도 많다. 이렇게 한번 검증을 거치는 방법이 나에게는 가장 좋은 집필 방법이다.

문제 회피형은 한번 원안을 만들면 더욱 좋게 하기 위한 동기부여가 샘솟기 때문에 어떤 형태든 먼저 형태부터 만들어나가는 것이 효과적이다.

영업에는 실패가 없다. 실수해서 팔았어야 할 고객을 놓쳤다 해도 다음에 열심히 하면 만회할 수 있다.

영업은 감점주의가 아니라 가점주의다.

이번 달 실적이 좋지 않다고 해도 다음 달에 더 잘하면 된다.

이와 같은 일에는 신중함보다는 우선 행동이 요구된다. 소소한 일에 구애받지 않고 거침없이 도전하는 사람만이 성과를 내기 때문이다.

반대로 의사나 간호사, 경찰관, 소방관, 파일럿 등 안전에 관련된 일에는 문제 회피형이 필요하다. 지레짐작해서 앞뒤 생각하지 않고 행동에 옮기는 사람보다는 신중에 신중을 기해서 판단하고 행동에 옮기는 사람이 적합하다.

목적 지향형이 상품제조공장 책임자가 된다면 충분히 심의하지 않고 통과시키는 일이 많으며, 그로 인해 발생하는 문제점을 못 보고 지나칠 수 있다. 이렇게 되면 결함상품이 많아 손실이 발생할 수도 있다. 이와 같은 일에는 문제를 찾는 능력이 필요하므로 비판적인 문제 회피형이 적합하다.

목적 지향형이 긍정적이고 문제 회피형이 부정적이라고 말하는 것이 아니다. 목적 지향형에 적합한 일이 있고 문제 회피형에 적합한 일이 있으므로 그것에 맞게 동기를 부여하는 것이 이상적이라는 의미다.

자기 기준인가
타인 기준인가?
(내적 기준형과 외적 기준형)

칭찬을 들으면 만면에 미소를 띠며 좋아하는 사람이 있다.

반면, 사람들이 칭찬해도 좋다는 내색을 하지 않는 사람도 있다. 반응이 전혀 다른 이유는 판단 기준이 다르기 때문이다. 자신이 기준인 사람과 타인이 기준인 사람은 대응 자세가 다르다.

자신의 내부에 의욕의 원천이 있는 사람을 '내적 기준형', 주위의 평가에 의욕의 원천이 있는 사람을 '외적 기준형'이라 한다.

1. 내적 기준형

- 자신이 한 일에 대한 평가는 자신이 직접 내린다.

- 주위에서 하는 말에는 전혀 개의치 않는다.

- 자신이 마음에 차지 않으면 주위에서 아무리 잘했다고 말해도 수긍하지 않는다.

메이저리거 스즈키 이치로가 전형적인 예다. 이치로는 최고 기록을 세워도 '자신이 정한 목표를 달성하지 못하면 올해는 만족스럽지 못한 한 해였다'고 기자들에게 대답한다. 주위에서 대단하다는 말을 들어도 자신의 기대에 미쳤는지가 더 중요했기 때문이다.

내적 기준형인 사람은 남의 평가에 그다지 영향을 받지 않기 때문에 칭찬을 받아도 반응이 없으며, 자기중심이 확고해 흔들리지 않는 자세가 특징이다.

이러한 부하직원을 둔 상사는 힘들 수밖에 없다. 남이 자신을 지시하거나 행동을 관리하는 것에 대해 강하게 반발하기 때문이다. 상사의 지시는 명령이 아니라 단순한 정보로 처리하기 때문에 지시대로 움직여 주지 않는다. 자신의 가치에 걸맞지 않으면 하고 싶은 의욕이 생기지 않기 때문이다.

내적 기준형인 사람은 자신을 가리키거나 가슴에 손을 대는 일이 많으며, 몸짓은 작고 표정도 잘 드러내지 않는다.

2. 외적 기준형

- 감사하다는 말을 듣거나, 칭찬을 받거나, 좋은 평가를 받는데서 일의 의미를 찾는다.
- 자기 안에 평가 기준이나 판단 기준이 없어서 주위의 평가나 반응이 중요하다.
- 주위 사람의 의견이나 지시가 필요하다.
- 지시하는 사람은 있으나 고마워하는 사람이 없으면 하고 싶은 의욕이 생기지 않는다.
- 항상 주위에 신경을 쓰며 주위의 반응을 살핀다.
- 표정이 풍부하다.

영향을 받는 말

1. 내적 기준형

"결정할 수 있는 건 당신뿐입니다."

"그것은 당신 하기 나름입니다."

"스스로 판단해 주세요."

"어떻게 생각하십니까?"

"생각해 보세요."

2. 외적 기준형

"주위에서 좋은 평가를 받을 겁니다."

"주목받을 거예요."

"평판이 아주 좋습니다."

"전문가가 하는 말인데요."

"연구에 따르면"

세일즈에는 자기중심이 강한 내적 기준형이 적합하다고 생각할 수 있다. 그런데 남이 원하는 대로 맞추는 직종이기 때문에 사실은 외적 기준형이 맞다.

외적 기준형의 의욕을 높이는 데는 끊임없는 뒷받침이 필요하다. 따라서 1년에 한 번 정도의 평가만으로는 외적 기준형을 움직이게 할 수 없다.

자신에게 확신이 없어서 부지런히 피드백하거나 격려하거나 칭찬하거나 하지 않으면 불안해진다.

외적 기준형인 사람에게 영업을 할 때는 어떤 사람이 샀는지 등 판단 재료를 제공할 필요가 있다. 유명인을 등장시킨 광고나 명품은 외적 기준형을 위해 있는 것이다.

뭐든지 반대하는 상사를 위한 대처 방법

내적 기준형과 문제 회피형이 혼합된 타입은 무슨 일이든 반대하며, 남의 실수만 지적하고 제안은 모두 거부한다. 이런 사람이 상사라면 부하직원의 인생은 비참해진다. 하지만 다음과 같은 언어를 쓰면 스트레스를 줄일 수 있다. 상사가 제출하라고 지시한 기획서를 갖고 가서 다음과 같이 말해 보라.

"생각하고 오라고 하셨죠. 기획서 검증 자료를 가져왔습니다.
완벽하지는 않지만 한번 봐주십시오."

그러면 상사는 자신이 이해할 수 있게 고친 다음 기획서대로 진행시킬 것이다.

창의적인 일을 좋아하는가 정해진 일을 잘하는가?

(옵션형과 프로세스형)

당신에게 하고 싶은 의욕이 생길 때는 언제인가? 새로운 방법을 추구할 때? 아니면 정해진 순서가 됐을 때?

지금까지와는 다른 방법이 있다는 걸 알았을 때 갑자기 의욕이 생기는 타입이 있다. 이런 타입은 선택의 폭을 넓히는 일에 큰 매력을 느낀다. 이런 타입을 '옵션형'이라 한다.

한편, 무슨 일이든 올바른 방법은 있다고 믿고, 정해진 순서를 반복해 따르는 타입을 '프로세스형'이라 한다.

'옵션형'과 '프로세스형'의 비율은 40대 40으로 같으며, 혼합형은

20퍼센트다.

1. 옵션형

- 더 좋은 방법이 있고, 항상 다른 방법으로 시도해보고 싶다.
- 누군가 성과가 나오는 방법을 가르쳐주어도 더 궁리하고 싶다.
- 무한한 가능성이나 아이디어에 가슴이 설렌다.
- 규칙을 어기고 파격적인 일에 매력을 느낀다.
- 정해진 일은 싫어한다.
- 하나의 사항에 전념할 수 없다.

2. 프로세스형

- 기존의 형식대로 따르는 것을 좋아한다.
- 어떤 일이든지 올바른 방법이 있다고 믿고 그 순서를 반복한다.
- 따라야 할 순서가 없으면 움직이지 않는다.
- 시작한 일은 무슨 일이 있어도 끝내고 싶다.
- 규칙을 어기거나 규칙에 벗어난 일을 하라고 하면 배신당한 느낌이 든다.
- 순서가 정해지면 그대로 실행하는 데 행복을 느낀다.

영향을 받는 말

1. 옵션형

"이 기회에"

"방법은 이것밖에 없습니다."

"필요에 따라서는 규칙을 깰 필요도 있습니다."

"더 좋은 방법이 없는지 생각해 봅시다."

"선택은 여러 가지입니다."

"가능성은 무한대입니다."

"말로 다 표현할 수 없는 효과가 있습니다."

2. 프로세스형

"옳은 방법이 있습니다."

"확실한 방법을 가르쳐드리겠습니다."

"순서를 설명하겠습니다."

"이 상품은 신뢰할 수 있습니다."

함께 일하는 파트너를 정할 때 옵션형인가 프로세스형인가를
알면 도움이 된다.

새로운 구조나 순서를 하나부터 세우는 일이라면 옵션형 인재를 선택해야 한다. 옵션형은 팀을 이룬지 얼마 안 된 초창기 기업 조직에 필요한 유형이다. 조직이 앞으로 차차 다듬어질 예정이라면, 틀에 박힌 사람보다는 새로운 것을 만들어내는 사람의 힘이 필요하다.

기존 형식에 따라야 하는 일이라면 프로세스형이 적합하다

조직원이 늘면 결정해야 하는 일도 늘어나며, 안정기에 들어간 조직에는 규칙이 도입된다.

초창기 멤버는 옵션형이 많으나 이 타입은 규칙을 지키지 않기 때문에 프로세스형인 새로운 멤버와는 알력이 늘어난다. 정해진 순서를 소화할 수 있게 되면 옵션형은 또 다른 창의적인 일을 찾아 떠나가는 경우가 많다.

영업사원은 프로세스형

영업하는 사람은 항상 앞으로 돌진하는 이미지라 옵션형이 좋을 것 같지만 사실 프로세스형이 더 적합하다.

담담한 마음으로 전화해서 흥미가 있는 사람과 흥미가 없는 사람으로 구분한 다음 흥미를 보이는 사람과 약속을 한다. 상대방에 따라 설명하는 방법을 다소 바꿀 필요는 있지만 매일 거의 같은 설명을 되풀이한다.

이처럼 한 번에 순서를 정해 그것을 담담히 진행하는 일이라면 프로세스형이 맞다.

옵션형은 성공할 때까지는 새로운 방법을 추구하기 때문에 순서를 정하지 않으며, 좋은 아이디어로 큰 성과를 내는 한편 영업 실적에 기복이 심하다.

프로세스형은 같은 절차를 몇 번이든 반복할 수 있는 타입이므로 안정적인 성과를 낼 수 있다.

자신의 타입을 알고 상대방 타입을 알면 일을 더욱 잘할 수 있다.

사소한 일에 구애를 받는가
추상적으로 받아들이는가?
(상세형과 전체형)

당신은 사소한 일에 구애를 받는 타입인가? 아니면 사물의 전체적인 윤곽으로 받아들이는 타입인가?

자잘한 업무를 잘 다루는 타입을 상세형이라 하며, 추상도가 높고 전체를 개념적으로 받아들이는 타입을 전체형이라 한다.

상세형과 전체형의 비율은 15퍼센트와 60퍼센트다. 그리고 나머지 25퍼센트가 혼합형이다. 상세형은 수가 적은 만큼 특성이 눈에 띈다.

1. 상세형

■ 세세한 곳까지 신경을 쓴다.

■ 극단적인 상세형은 전체적인 개요를 파악하지 못한다.

■ 나무를 보고 숲을 보지 못한다.

■ 사소한 일에 너무 신경을 쓴 나머지 우선순위를 정하지 못할 때가 있다.

■ 사소한 일까지 신경을 써야 하는 일에서 능력을 발휘한다.

■ 흐름을 일일이 짚고 넘어가기 때문에 다른 사람에 비해 훨씬 많은 시간이 걸린다.

2. 전체형

■ 사물을 전체적으로 받아들인다.

■ 생각나는 대로 체계 없이 제안하는 일이 있다.

■ 한 그루의 나무에 집중해야 하는 일에는 스트레스를 받는다.

■ 사물을 추상적으로 받아들인다.

■ 간결한 문장을 좋아해 자세히 설명하는 일이 적다.

영향을 받는 말

1. 상세형

"정확하게 말하면"

"자세히 설명하자면"

"틀림없이"

"자세한 것은"

2. 전체형

"전체적인 윤곽을 말하자면"

"중요한 건"

"본질적으로"

"일반적으로"

상세형과 전체형이 서로 이해하기 어려운 이유

상세형과 전체형은 서로 의사소통에 오해와 해석의 차이가 생긴다.

상세형은 상황을 정확하게 이해하려면 자세한 정보가 필요하다고 생각한다. 그러므로 문제가 될 만한 것들을 하나하나 들면서 순서에 따라 말하고 싶어 한다.

그러나 전체형은 포인트를 좁혀 요점만으로도 충분하다고 생각한다. 그러므로 전체형인 사람에게 상세하게 설명해 달라는 것은 무리한 일이다.

반면에 상세형은 요점만으로 상황을 이해하는 전체형을 이상하게 생각한다. 전체형의 대략적인 이야기로는 내용이 정확하게 전달되지 않으므로 상세형은 전체형을 신뢰하지 못한다. 만약 전체형에 목적 지향형이 더해지면 상세한 사항을 놓치기 쉽다. 이럴 때 상세형은 실수를 하지 않기 위해 확인하는 데 큰 힘을 발휘한다.

그러면 두 타입을 절충하려면 어떻게 해야 좋을까?

상세형과 전체형은 제각기 다른 나라에 사는 사람과 같다. 그러므로 상세형과 전체형을 섞어 놓은 혼합형의 통역이 필요하다.

상세형과 전체형을 이해하는 혼합형이 양쪽에 다리를 놓으면 일은 순조롭게 진행된다.

상세형과 전체형은 문제에 접근하는 방식이 다르다. 하지만 서로에게는 장점이 된다. 따라서 접근하는 방식이 다를 뿐 틀리지 않다는 사실을 서로 인정해야 한다.

다른 점이 서로에게 이득으로 연결된다는 것을 이해하면 아주 큰 힘이 된다.

혼합형은 전체적으로 보는 데 그치지 않고 자세한 내용까지 파악할 수 있어 복잡한 일도 잘 해내고 분석도 잘 한다. 그러나 균형이 잡힌 혼합형의 지시를 받는 부하직원은 힘들 수 있다. 전체를 파악하는 데다 부하직원에게 세세한 것까지 지시하기 때문이다.

게다가 남에게 맡기는 것보다 자신이 하는 것이 낫다고 생각해 일을 전적으로 맡기지도 않는다.

그래서 혼합형은 업무 전체를 관리하는 일은 맞지 않을 수 있다.

나는 오감 중
무엇을 사용할까?
(시각형, 청각형, 신체 감각형, 논리형)

사람은 오감을 통해 정보를 입력한다. 그리고 이 정보를 바탕으로 결정을 내린다.

오감을 사용하는 방법은 다음과 같이 네 가지 타입으로 분류된다.

- 시각형
- 청각형
- 신체 감각형
- 논리형

여기서는 오감을 타입별로 나누었으나 각 특성은 타고난 것이 아니라 환경에 따라 얼마든지 바뀔 수 있다.

또한 항상 일관되게 한 가지 타입으로 사는 것도 아니다. 일과 개인 생활에서 사용하는 타입이 각각 다른 사람도 많다.

당신은 어떤 타입인가?

당신의 신경에 거슬리는 그 사람은 어떤 타입일까?

당신과 코드가 맞지 않는다고 생각되는 그 사람은 어떤 타입일까?

사람들의 얼굴을 떠올리고 그 사람들이 하는 말을 떠올려 보자.

1. 시각형

- 영상이나 이미지를 그리면서 말을 한다.
- 색상에 대한 기억력이 좋다.
- 그림이나 사진 또는 도표가 있으면 이해하기 쉽다.
- 시선이 위쪽을 향한다.
- 현장감이 느껴지게 표현한다.
- 깔끔한 차림에 잘 어울리는 옷을 입는다.

- 남이 어떤 차림을 하고 있는지 눈여겨본다.

- 사람을 겉모습으로 판단한다.

- 정리정돈을 잘 한다. 보기에 깔끔한 것을 좋아한다.

- 흉식 호흡을 하는 사람이 많다.

- 색상, 모양, 크기, 움직임, 밝기, 거리 등 많은 정보를 갖고 있어서 천천히 말하지 못하고 빨리 말한다.

- 말이 여기저기로 튄다.

시각형이 잘 쓰는 말

본다, 바라본다, 초점을 맞춘다, 앞이 환하게 트였다, 이미지를 그린다, 못보고 놓친다, 상상한다, 마음에 그린다, 주목한다, 관찰한다, 탐색한다, 시야에 넣는다, 눈에 들어온다, 빛난다, 분명히 한다, 밝다, 어둡다, 희미하다, 반사한다, 보는 눈이 있다, 폭로한다, 중요시한다.
비전, 포커스, 시점, 묘사, 빛, 명암, 번뜩임, 비관, 낙관, 일목요연, 그림, 장면, 공백, 전망, ~처럼 보인다.

시각형인 사람에게 말만으로는 잘 전달할 수 없기 때문에 실물을 보여주거나 영상을 보여줄 필요가 있다.

이런 타입은 디자이너나 미용 관련 일을 하는 사람에게 많다. 또한 착용감이 다소 좋지 않아도 색상이나 디자인으로 옷을 고른다. 어떻게 보이는지가 가장 중요하기 때문이다.

2. 청각형

- 이해하려면 소리나 말을 들을 필요가 있다.
- 시각정보나 문자정보가 아니라 청각정보를 잘 이해하기 때문에 음성학습에 적합하다.
- 시선이 좌우로 움직인다.
- 자문자답하는 일이 많다.
- 잡음이 많으면 집중할 수 없다.
- 문자나 메일보다 전화로 대화하는 것이 좋다.
- 상반신을 많이 움직인다.
- 횡격막으로 호흡한다.

청각형이 잘 쓰는 말

말한다, 속삭인다, 공명한다, 울려 퍼진다, 듣는다, 설명한다, 의견을 말한다, 보고한다, 논한다, 호소한다.
평판, 소문, 스피치, 논점, 무언, 발표, 침묵, 불협화음, 조화, 하모니, 조용함, 단조로움, 듣기, 맑다, 전대미문

청각형은 말에 민감해서 아나운서나 강사, 세일즈맨, 콜센터 근무자가 많다. 옷을 산다면 '유행하는 스타일'이라거나 '잘 어울린

다'는 말이 선택에 결정적인 계기가 된다.

3. 신체 감각형

- 천천히 동작한다.

- 손에 느껴지는 감각을 우선한다.

- 말하는 템포가 늦다.

- 천천히 하는 몸짓을 허리 높이에서 한다.

- 복식 호흡을 하는 사람이 많다.

- 생각하고 있을 때는 시선이 아래로 향한다.

- '~한 느낌'이라는 말을 많이 쓴다.

- 편안함을 소중히 생각한다.

신체 감각형이 잘 사용하는 말

느낀다, 누른다, 잡아끌다, 취급하다, 비비다, 단단하다, 따뜻하다, 차갑다, 거칠다, 붙잡다, 압력을 가하다, 만지다, 접촉하다, 민감하다, 손에 느낌이 있다, 긴장, 감촉, 부드럽다, 쥐다, 잡다, 만들다, 무겁다, 매끄럽다, 괴롭다, 이해가 간다, 화가 난다, 머리가 띵하다, 들어 올리다, 주고받다, 내딛다, 수완이 좋다, 실마리, 손으로 더듬는 자세, 압박, 진보하다, 행동하다.

신체 감각형은 감각이 뛰어난 사람이 많으며, 종이에 쓰면 쉽게 외우는 타입이다. 또한 옷을 고를 때는 착용감이나 감촉을 중시한다.

4. 논리형

- 문자를 읽으면서 이해한다.
- 동영상이나 음성보다도 문자정보를 좋아한다.
- 지적 욕구가 강하고 매우 논리적이다.
- 깊이 파고들기를 좋아한다.
- 숫자가 명확한 구체적인 대화를 좋아한다.
- 말이 길다.
- 분석하기를 좋아한다.
- 신제품을 좋아한다.

논리형이 '잘 쓰는 말'은 없지만, 숫자를 써서 구체적으로 말하는 직업군이 많다. 의사나 세무사 같은 '사' 자가 들어간 직업, 시스템 엔지니어(System Engineer) 등 인터넷 관련 직종, 연구직, 분석하는 직업에 많다. 논리적이고 머리가 좋다고 하는 이미지를 주는 한편, 시각이나 청각, 신체감각으로 표현하지 않기 때문에 사람의 마음을 움직이기 어렵다. 또한 말을 장황하게 하는 경향이 있다.

나와 맞지 않는다고 생각한 그 사람은 당신과 다른 오감을 사용하기 때문인지도 모른다. 상대방의 말투나 시선을 잘 관찰해서 어떤 말이 적절한지 생각해 보자.

훈련하면 어떤 상대와도 잘 지낼 수 있게 된다.

제5장

남을 의식하지 않는 심리학

고민한다고 문제가 해결되지 않는다는 것을 알면서도 우리는 고민 속에 빠져 산다. 단순하게 살고 싶지만 뜻대로 되지 않는 것이 현실이다.
이것은 자신의 뇌를 모르기 때문이다.
자유롭게 살기로 작정하면 대화도 확실히 자유로워진다.

의욕이 생기지 않는 이유
상쾌와 불쾌의 심리학

"동기부여가 중요하다. 더 의욕을 내라!"

이런 말은 수없이 들은 사람은 아마도 얼굴에 의욕이 보이지 않는다든가, 되는대로 대충 하는 것처럼 보였기 때문이다. 그래서 나름대로 열심히 한다고 생각하지만 상사는 늘 못마땅한 표정을 짓는다.

이런 사람에게는 동기부여란 '하고 싶지 않으면서도 마지못해 행동으로 옮기는 것'이라는 의미로밖에 느껴지지 않는다.

그러나 없는 의욕을 군이 쥐어짜서 일하느니 하지 않는 것이 낫다. 당신이 하고 싶지 않은 그 일을 즐겁게 하는 사람도 있다. 마지 못해 하는 것보다는 즐겁게 할 수 있는 사람이 그 일을 하게 하는 것이 오히려 사회에 공헌하는 길이다. 그렇지만 반드시 자신이 해야만 하는 일도 있다.

하고 싶은 의욕이 생기지 않는 이유를 심리학적으로 설명해보자.

당신은 '영어를 잘하면 좋겠다'고 생각한 적이 있을 것이다. 그런 마음이 있는 데도 지금까지 영어를 잘하지 못한다면 하고 싶은 의욕이 생기지 않았기 때문이다.

나는 22세에 처음으로 해외에 나갔다. 그때 '다음에 해외에 나가기 전까지는 영어를 마스터하자'고 마음을 먹었다. 하지만 30년이 지난 지금도 실행에 옮기지 못하고 있다. 그것으로 인해 보상을 받는다든가 특별히 문제가 생기는 일이 없었기 때문이다.

만약 영어를 마스터하면 연봉 1억 원을 주겠다고 하면 기를 쓰고 공부했을 것이다.

'1년 이내에 영어로 대화하지 못하면 해고'라고 했어도 분명 공부를 시작했을 것이다.

결국 하려는 의욕은 두 종류밖에 없다.

매일 30분, 1시간을 투자해서라도 얻고 싶은 것이 있거나, 얻으면 기쁘고 보람 있는 것.

반대로 싫거나 귀찮다고 생각되는 것이라도 하지 않으면 고통이 따르거나 잃는 것이 생기는 불쾌한 상태.

즉 기대와 불쾌의 감정 중 어느 쪽이든 강하지 않으면 좀처럼 행동으로 옮기지 않는다.

당신이 지금 일을 하는 이유는 무엇인가? 일하지 않으면 먹고 살 수 없기 때문인가?

"돈 쓸 곳이 많아요. 다른 직장으로 옮긴다고 현재의 수입을
  얻는다는 보장이 없으니 그만둘 수는 없어요."

반대로,

"일하는 보람이 있습니다. 이 맛에 일하는 거죠."
"내 꿈을 달성하는 데 필요한 지식과 기술을 지금 하는 일에
  서 얻으려고요."

"직장 사람들과 함께 일하는 것이 즐거워요."

이러한 불쾌와 기대의 감정이 섞여 일하는 원동력이 되었을 것이다.

이 장에서는 불쾌와 기대라는 두 감정을 다루는 기술을 알려준다. 동기부여를 제어할 수 있으면, 당신의 인생은 변할 것이다.

괴롭고
기억하기 싫은 일을
즉시 잊는 법

NLP 심리학에서는 뇌에 입력된 기억을 떠올리는 방법을 다음의 두 종류로 분류한다.

- 주관적인 관점
- 객관적인 관점

주관적인 관점(Association: 결합)은 사물을 주관적으로 인식하고, 객관적인 관점(Dissociation: 분리)은 사건을 자신과 분리해 객관적으로 인식한다.

과거에 경험한 사건에 현재의 자신을 일체화하면서 주관적으로 배경을 보거나 소리를 듣고, 또 몸으로 느끼면서 떠올리는 것이 주관적인 관점이다. 반면에 TV나 스크린 너머로 바라보는 것처럼 객관적으로 과거의 사건을 보는 것이 객관적인 관점이다.

언젠가 즐거웠던 일을 한 가지 떠올려보자.

떠오른 그 이미지 안에 당신의 얼굴이 있는가?

떠오른 이미지 안에 자신의 얼굴이 보인다면 객관적인 관점에서 보는 것이다.

반대로 자신의 손이나 발은 보이지만 얼굴이 보이지 않는다면 주관적인 관점에서 보는 것이다. 이미지 안에 들어가 신체 감각을 분명하게 느낄 수 있고 현장감이 넘치는 상태일 것이다.

이 두 가지 관점은 아주 중요하다.

뇌에 입력된 기억을 잘못 사용하면 자신감을 잃거나 벗어나고 싶어도 몇 십 년 동안이나 기억에서 헤어 나오지 못한다.

고민이 있다면 객관적인 관점으로 바라보라

외상 후 스트레스 장애(PTSD)라는 트라우마 증상은 심각한 쇼크나 강한 정신적 스트레스를 경험한 후 그 상황이 되살아나 공포를 느끼는 상태를 말한다.

주로 지진이나 화재, 사고, 폭력, 범죄 피해가 원인인 경우가 많다.

생각할 때마다 공포감을 느끼는 것은 주관적인 관점으로 바라보고 있기 때문이다. 무서웠던 사건을 당사자가 체험한 이미지로 떠올리면, 그 기억은 더욱 강하게 뇌에 정착한다. 그러면 일상생활에 부정적인 영향을 끼치게 된다.

과거를 바꾸는 방법

이런 말을 하는 사람이 있다.

'과거는 바꿀 수 없다. 바꿀 수 있는 것은 미래뿐이다.'

하지만 사실 뇌의 구조를 알면 과거는 간단히 바꿀 수 있다.

앞에서 설명한 외상 후 스트레스 장애를 비롯해 싫었던 경험이나 잊고 싶은 사건은 모두 뇌 속에서 어떤 설정값으로 영상이 박혀 있다. 그리고 이러한 이미지가 뇌에 영향을 미친다. 당신이 방송 프로그램을 편집하는 영상 담당자라고 가정해보자.

당신은 잊고 싶은 사건을 재현하는 드라마를 제작하고 있으며, 시청자에게 당시 사건이 얼마나 무서웠는지 어필하려고 한다.

아마 당신은 밝고 보기 쉬운 선명한 색상으로 화면 가득 영상을 펼칠 것이다.

그리고 가장 인상적인 상황을 클로즈업하고 대사와 소리도 효과적으로 사용할 것이다.

사람들은 대부분 영상 담당자처럼 뇌 속의 싫은 경험을 떠올리기 쉽게 만든다. 그리고 그 일이 떠오를 때마다 우울한 기분이 된다.

이 우울한 경험을 바꿀 방법이 있다.

1. 주관적인 관점을 객관적인 관점으로 바꾼다

과거의 경험으로 고민하는 것은 주관적인 관점이다.

자신의 손과 발밖에 보이지 않는 상태다.

그런 자신으로부터 유체이탈해서 자신이 출연하는 영화를 보고 있는 상태로 바꾼다.

그 영화에는 고통스러워하는 자신과 슬픈 듯 보이는 자신이 있을 뿐이다. 싫은 체험으로부터 영향을 덜 받으려면 당사자가 직접 경험을 하는 상태에서 벗어나야 한다.

생각을 객관적인 관점으로 바꾸는 것이다.

방관자적인 입장에서 보면 고민에서 탈출할 수 있다.

2 색상을 바꾼다

생각을 떠올리는 색상은 컬러와 흑백 두 가지다.

심한 상처를 받은 경험은 컬러 색상이다.

이제 떠올리는 이미지 색상을 차츰 흑백이 되게 만들어보자.

3 밝기를 바꾼다

이제 떠올리는 이미지의 밝기를 나눠보자. 깜깜한 어둠을 0, 가장 밝은 상태를 10이라 한다면 그 이미지의 밝기가 몇이나 될까?

다음은 밝기를 조절하여 1과 2 정도까지 떨어뜨리자. 무엇을 하는지 모를 정도로 어둡게 해두는 것이다.

4 입체적인 동영상을 정지화면으로 바꾼다

과거의 경험이 지금 일어나고 있는 것처럼 현재진행형으로 생생하게 느껴지기 때문에 지금도 그 경험이 영향을 미치는 것이다.

아마 3D 입체 동영상을 보는 것과 같다.

입체 동영상을 평면적인 정지 화면으로 바꿔보자.

5 크기를 바꾼다

외상 후 스트레스 장애처럼 커다란 영향을 준 영상은 화면이 매우 크다. 그것도 영화관 스크린처럼 말이다.

영상이 10인치 이상의 크기라면 휴대화면 크기로 작게 만들어보자. 그리고 몇 센티 크기로 축소해보자.

이 시점에서는 영향력이 상당히 줄게 된다.

6 위치를 바꾼다

마지막으로 위치를 바꾼다.

과거와 미래는 장소가 다르다.

과거와 미래를 잇는 선이 좌우로 있다면 어느 쪽이 미래일까?

아마 왼쪽이 과거, 오른쪽이 미래라고 생각하는 사람이 많을 것이다.

그렇다면 정중앙은 현재다.

여기까지 체크했다면, 다음에는 잊고 싶은 사건의 이미지 장소를 확인한다. 떠올린 이미지의 위치가 정면이면 영향력이 강하다는 것을 의미한다.

외상 후 스트레스 장애는 이미지 화면이 크고 한가운데에 나타나는 현상이다.

그 영향력을 희미하게 하도록 영상의 위치를 이동시켜 보자. 왼쪽에 과거가 있는 사람은 앞에서 작게 만든 이미지를 과거의 위치인 왼쪽 끝으로 이동시키자.

왼쪽으로 이동시켰으면 그로부터 아래쪽으로 이동시키자. 이미지를 왼쪽 아래로 이동하기만 해도 현재 진행형이던 마음의 아픔이 이미 지난 과거로 바뀐다.

싫었던 경험을 생각해내려면 이제 상당한 노력을 해야 한다. 어떤 계기만 되면 하나하나 눈앞에 나타나던 과거는 이제 아무런 영향을 줄 수 없게 된다.

과거의 사건을 뇌 속에 어떻게 설정하느냐에 따라 영향을 많이 받을 수도 있고 전혀 기억이 나지 않는 일이 되기도 한다.

뇌의 구조를 모르는 사람은 잊고 싶은 경험에서 헤어 나올 수 없다. 자신의 과거나 미래도 뇌 속에 어떤 이미지로 설정되어 있느냐에 달려 있다.

뇌과학적으로 말한다면 '과거는 바꿀 수 있는 것'이다.

뇌 속 시간의 축-타임 라인(시간선)

NLP에서는 뇌 속의 시간 축을 타임라인(시간선)이라 부른다. 타임라인에는 두 가지가 있는데, 외부를 관통하는 관통형 시간과 나를 관통하는 내재형 시간이 있다.

내 과거가 시각적으로 왼쪽에 있고 오른쪽에 미래가 있다고 생각하면 이건 나의 외부를 지나가는 관통형 시간이고, 과거가 뒤에, 미래는 앞에 있다고 생각하면 이것은 내재형 시간이다.

관통형 시간형의 사람은 시간을 연속성 있게 이해해서 시간관리를 잘 하고 시간에 정확하다. 계획세우기를 좋아하고 업무시간과 노는 시간은 철저히 다르다고 생각한다.

반면 내재형 시간의 사람은 현재에 집중한다. 과거 기억에 접근하기 위해선 '뒤돌아 봐야'하며 '과거를 뒤돌아본다'라는 말을 자주한다.

어떤 행동에 대해 이 두 타임라인을 바꾸는 '타임라인 시프트'를 시도하면 계획성을 보다 높일 수 있다. 지금 해야 하는 것들의 우선순위를 정할 수 있으며 안정된 시간을 보낼 수 있다.

30초 만에
긴장되는 상황
극복하기

사람들 앞에만 서면 안타까워 그냥 보고 있을 수가 없을 정도로 긴장하는 사람이 있다. 반면 긴장하면서도 당당히 말을 잘해 전혀 긴장한 듯이 보이지 않는 사람도 있다.

그 차이는 무엇일까? 다음 상황을 살펴보자.

- 거래처 임원들 앞에서 프레젠테이션을 해야 한다.
- 무서운 상사에게 부정적인 보고를 해야만 한다.
- 전부터 마음에 둔 이성에게 고백할 시점이다.

이 상황에서는 누구나 긴장한다.

이러한 상황이 되거나 이런 생각을 하는 것만으로도 뇌의 시상하부에는 정보가 전해진다. 그러면 뇌하수체에서 코르티솔(Cortisol)이라는 스트레스 호르몬이 분비된다.

스트레스 호르몬이 분비되면 간은 포도당을 대량으로 늘린다. 이 포도당을 에너지로 바꾸는 데는 많은 산소가 필요하므로 숨을 편하게 쉴 수 없다. 심장박동도 늘어 땀이 나기도 한다. 시상하부에서는 기억의 보관고인 해마에 정보가 전해지고 과거에 실패했던 기억이 되살아나 불안을 증폭시킨다. 이것이 긴장의 메커니즘이다.

그러면 과도한 긴장에서 벗어날 방법은 없을까?

긴장하면 자율신경 중 교감신경이 과민해진다. 그러므로 부교감신경을 우위에 두면 침착해질 수 있다. 부교감신경은 편히 쉬거나 휴식을 취하고 있을 때 기능을 발휘하는 자율신경이다. 자율신경은 체온조절이나 심장박동, 호흡을 조절하는데, 체온이나 심장박동을 의식적으로 바꿀 수는 없다. 바꿀 수 있는 것은 호흡뿐이다.

그러므로 호흡을 깊고 천천히 하면 자율신경이 부교감신경으로 바뀌어 마음이 안정을 찾는다.

숨을 들이마셨으면 조금씩 내뱉는다.

호흡을 한번 할 때 30초 이상 깊고 천천히 하기만 해도 마음이 가라앉아 안정을 찾을 수 있다.

떠오르는 생각을 다룬다(좋은 기억을 순식간에 불러오는 법)

긴장해서 실수하는 이미지를 불러들이지 않는 것도 중요하다.

'실수하지 말자'는 생각이 실수한 이미지를 불러들인다.

반대로 과거 즐거웠던 기억을 떠올리면, 언제든 최대한의 힘을 발휘할 수 있다.

가장 즐거웠던 이미지를 떠올려보자.

즐거웠던 기억의 당사자가 되는 체험을 해보자.

어떤 소리가 들리는가?

몸의 느낌은 어떤가?

이 기억이 확실히 떠올랐으면 가슴을 펴고 손목을 잡아보자.

그런 다음 두 번째로 즐거웠던 체험을 떠올려보자.

그 기억을 떠올리는 동안 얼굴의 근육이 이완되어 미소가 떠오르면 손목을 잡아보자.

이렇게 해서 손목에 좋은 기분의 조건반사를 쌓아 올렸다.

NLP에서는 이것을 리소스 앵커(Resource Anchor: 필요한 자원을 순식간에 불러올 수 있는 기법)라 한다. 이렇게 하면 준비는 끝났다.

이제 긴장되기 직전에 손목을 잡기만 하면 긴장 상태가 좋은 기분으로 바뀐다. 이상하게도 즐거웠던 기분이나 좋은 기분의 스위치가 켜져 최고의 컨디션을 발휘할 수 있게 된다.

호흡과 리소스 앵커를 잘 이용해 사람들 앞에서 말하는 걸 즐겨보자.

리소스 앵커(Resource anchor)

리소스 앵커는 특정 자원을 불러내 바람직한 상태가 되게 만드는 것으로 보통 앵커라고 하는데, 이것이 바로 리소스 앵커이다.

어떤 자극을 받으면 특정 반응을 일으키는 상황이 종종 생기곤 한다. 차만 봐도 교통사고 경험이 떠오른다거나 제주라는 말만 들어도 아름다운 해변과 휴식이 떠오르는 것 등인데 작은 자극으로 어떠한 반응이 나오는 것이다. 이런 과정은 자연스러운 것도 있지만 의도적으로 만들기도 한다. 이렇게 자극과 반응의 조합을 의도적으로 만드는 것을 앵커링(anchoring)이라고 한다.

잠을 자기 위해 침실에 들어가는 경험을 반복하면, 침실에서 잠을 자는 앵커가 만들어지고 그러면 침실에만 들어가면 잠이 몰려온다. 반대로 침실에서 유독 스마트폰을 보는 행동을 반복하면 머리가 맑아지고 잠이 깨는 반응이 나올 수 있다.

자존감이
낮은 이유

"자신감이 없으니까 실적을 내지 못하는 거야!"

"자신감을 가져봐!"

나는 이런 말을 영업 능력을 발휘하지 못하던 시절에 선배나 상
사로부터 귀에 못이 박이게 들었다. 그런데 심리학을 배운 후 이런
말은 아무짝에도 쓸모없다는 사실을 알게 되었다.

자신감을 가지려 한다고 해서 갖게 되면 얼마나 좋을까? 자신감
이 부족한 이유는 자존감이 낮기 때문이다. 자존감이 낮으면 주위
에도 전해진다. 그러면 이런 고민도 생긴다.

"나한테만 화를 낸다."

"처음부터 깔본다."

"다른 사람에게는 정중하면서 나에게만 함부로 대한다."

"좋아하는 이성이 나를 상대해주지 않는다."

"무슨 일을 해도 계속하지 못한다."

자신감이 없는 이유는 다음의 네 가지 때문이다.

1. 판단 기준이 없다

판단 기준이 없다 보니 언제나 주위에 휘둘린다. 다른 사람의 판단으로 움직이다 보면 결단력 부족으로 이어지고 점점 자신감이 부족해진다.

2. 주위의 수준이 너무 높다

중학교 3학년 때 어머니와 나는 담임선생님과 진학상담을 했다. 담임선생님은 "네가 지망하는 고등학교는 지금 실력으로 좀 불안하다. 그러니 한 단계 낮춰 지원하는 게 좋겠다."라고 말했다. 그런데 무슨 배짱이었는지 담임선생님이 말리던 고등학교에 기필코 지원했고 다행히 여유 있게 합격했다. 그런데 중학교 때 상위권을 유지했던 성적은 고등학교 첫 중간고사에서 여지없이 떨어졌다. 450명 중 430등을 하자 나는 갑자기 열등생으로 바뀌었다. 만약 하향 지원을 했다면 좋은 성적을 유지했을지도 모른다. 자신의 실력과 차이가 벌어지는 환경에 있으면 자신감이 없어지기 쉽다.

3. 자신을 깎아내리는 사람만 많을 뿐 인정해 주는 사람이 없다

야단만 맞고 자라면 자존감을 느끼기 어렵다. 부모가 화를 자주 내는 가정에서 자라도 자신에게 긍정적인 힘을 부여할 수 없다. 칭찬해 주는 사람, 인정해 주는 사람이 한 사람이라도 있다면 다행이지만, 그런 사람도 없다면 자신감을 느끼지 못하는 건 당연하다.

4. 목표 설정 방법이 다르다

좀처럼 성과를 내지 못하는 사람일수록 갑자기 높은 목표를 내건다. 목표가 높아 달성할 수 없다는 것을 알면서도 말이다. 이것이 반복되면 자신은 목표를 정해도 달성하지 못한다는 신념 같은 것이 생긴다. 이와 같은 이유로 자신감을 느끼지 못하고 행동하지 않으면 어떻게 될까? 실수는 적을지 몰라도 기쁨이 없는 인생을 살 것이다.

즉, 자존감을 키우는 일이 무엇보다 중요하다.

자신은
100원 저금 같은 존재

"자신이 없는데요."

"왜 그렇게 생각하는 거죠?"

"남에 비하면 잘하는 게 하나도 없으니까요."

이런 식으로 말하는 사람이 많다.

자신에게 긍정적인 힘을 부여할 증거가 없다는 의미다.

이런 사람이 억대 연봉을 번다고 해서 자신감을 느끼는가 하면

그렇지도 않다.

근본이 바뀌지 않는 한 억만장자가 되어도 변하지 않는다.

신앙이 있는 사람이나 신을 믿는 사람은 어떤 의미에서 강하다. 그들은 어떤 증거가 있어서 믿는 것이 아니다.

'자신이 대단하다'라고 생각될 만한 증거가 없는 한 영원히 자신감을 느끼지 못한다.

"근자감(근거 없는 자신감) 만큼은 넘칠 만큼 있지요."

근거 없는 자신이 본래의 자신이다.

"돈을 남보다 더 벌었다."
"예쁘다는 말을 많이 듣는다."

이런 조건을 만족시켰기 때문에 자신감이 몸에 배는 것도 아니다.

언젠가 자신감이 생기지 않는다고 말하는 사람과 이런 말을 주고받은 적이 있다.

"지금까지 성공한 경험이 있나요?"
"글쎄요. 굳이 말하자면 신입 때 동기 중에서 1등을 한 거라고나 할까요? 최고의 영업실적을 올린 적이 있습니다."

"멋진 결과인데요?"

"아니에요. 단지 운이 좋았을 뿐이에요."

이처럼 멋진 결과를 냈으면서도 "아니에요. 저는 잘하는 게 없어요."라고 말하는 사람이 있다.

이런 경향은 부모의 지나친 간섭을 받으며 자란 사람에게 많이 나타난다. 모든 방향을 부모가 결정해주었기 때문에 자신만의 경험을 쌓아왔다는 자신감이 생기지 않는다.

이렇게 실패하지 말라고 강요당하면, 당사자는 경험을 피해서 더욱더 자신감을 느끼지 못한다.

어느 축구 코치가 이런 말을 했다.

"가르쳐주면 가르쳐주는 만큼 잘하지 못하게 된다."

공을 잘 차는 기술을 자세히 가르쳐주면 점점 생각하지 않고 지시만을 기다린다. 그러다 보면 연습할 때는 잘하지만 시합에 나가면 좋은 성적을 거두지 못한다. 이는 마치 혼자서 세일즈 토크를 연습했지만 막상 현장에 나가면 전혀 팔지 못하는 영업사원과 같다.

자신이 선택하지 않으면 경험이 쌓이지 않기 때문에 자신감도 쌓이지 않는다. 따라서 축구나 영업에 한하지 않고 인생에도 임기응변이 필요하다.

자신감이란 100원짜리 동전을 한 개씩 저금통에 넣는 것과 같다. 남에게 1만 원짜리 지폐를 받아도 100원짜리 동전으로 바꿔 넣지 않으면 저금통에는 들어가지 않는다. 한번에 늘릴 수 없는 것이 자신의 저금통이다.

작은 것부터 쌓아 올린 것만 진정한 자신감으로 연결된다.

자신감을 기르기 위해 권하고 싶은 것이 있다. 매일 세 가지 이상 감사 일기를 쓰는 것이다. 이 감사 일기를 SNS에 올리면 더욱 효과가 좋다.

감사 센서를 닦으면 자신감이 조금씩 쌓여간다.

"오늘도 수도꼭지를 틀었더니 물이 나왔다. 감사!"

이 정도면 행복의 달인 경지에 이른 것이다.

남과
비교하는 것을
끊는 요령

성공 체험도 중요하지만, 그보다도 실패한 경험이 많을수록 도움이 된다. 어떤 사람에게는 성공 체험이 효과가 있는 경우도 있지만, 완전히 효과가 없는 경우도 있다. 그러나 실패한 체험은 누구에게나 적용할 수 있다. 그렇게만 하지 않았어도 확실히 실패 확률을 줄일 수 있기 때문이다.

말하자면 실패 체험을 많이 한 사람일수록 그 분야의 경험자라할 수 있다. 즉, 실패를 많이 할수록 가치가 올라간다.

남의 비판이나 비난을 신경 쓸 필요는 없다.

사람들은 당신이 생각하는 만큼 당신에게 관심이 없다.

인생을 살다 보면 자기 일을 처리하는 데도 바빠 당신의 일에 관심을 보일 여력이 없다.

서른 살 때 어느 세미나에 참석한 일이 있다.

당시에는 사람들 앞에서 말하는 게 싫었다. 안면홍조증이라 얼굴은 빨개지고 손에는 땀이 흠뻑 젖었다. 게다가 다리까지 후들후들 떨 정도로 부끄럼을 탔다.

그래서 강사에게 질문했다.

"사람들 앞에서 말하는 것은 엄청나게 긴장되는 일입니다. 선생님은 전혀 떨지 않는 것처럼 보이는데 어떻게 하면 그렇게 할 수 있죠?"

그러나 그의 대답은 충격적이었다.

"얼마나 멋진 말을 하려는 거죠? 그렇게 존경을 받고 싶나요?"

순간 나는 화가 치밀어 얼굴을 붉히며 반론했다.

"존경받고 싶은 게 아니라 창피를 당하고 싶지 않은 마음뿐입니다.”

그러자 강사가 말했다.

“자신의 마음을 깊숙이 들여다보세요. 아마도 남들보다 대
단하다는 말을 듣고 싶다거나 존경받고 싶다는 바람이 있을
거예요. 그게 없다면 긴장을 하지 않거든요.”

당시에는 그 말을 이해할 수 없었지만, 심리학을 배우면서 이해
할 수 있었다.

‘대단한 사람으로 보이고 싶다’
‘눈치 빠른 사람으로 인정받고 싶다’
‘유능한 사람으로 보이고 싶다’

등 자기 존재 이상의 모습을 보이려고 해서 긴장한다는 사실 말
이다. 자신감이 부족한 사람일수록 뒤에서 험담한다. 자신을 대단
하다고 내세우고 싶은 것이다.

‘남의 평가’라는 집착에서 벗어나야 비로소 마음의 평화를 찾을
수 있다. 남과 비교하면 마음의 평안은 좀처럼 찾아오지 않는다.

그럼 어떻게 해야 남과 비교하지 않을 수 있을까?

간단하다. 단지 비교하는 대상을 바꾸기만 하면 된다.

비교 대상을 어제의 자신으로 바꾸는 것이다. 어제와 비교하면서 1밀리미터라도 앞으로 나갔다면 자신을 칭찬하자.

아무도 칭찬해 주지 않는다면 스스로 칭찬하면 된다.

이 작은 누적이 흔들림 없는 자신감을 만들고, 흔들림 없는 인생을 만든다.

착한아이
증후군

어린아이가 떼를 쓰지 않는다.

제멋대로 구는 일이 없다.

말을 잘 듣는다.

참 착하다.

이렇다면 착한아이증후군일 가능성이 높다.

자신의 의견을 말하면 말대꾸로 간주하고 모두 부정한다.

예의 교육을 철저하게 시키고 평상시에 엄격하다.

하지만 부모가 하는 말을 잘 들을 때는 칭찬해 준다.

100점을 받아왔을 때 부모가 기뻐했던 모습이 가장 기억에 남는다.

부모가 원하는 대로 이것저것 배우려고 노력했고, 부모가 원하는 학교에도 합격했다.

부모의 웃는 얼굴에서 보람을 느낀다.

이런 조건부 사랑으로 자라면 자신을 주장하지 않는 착한아이증후군이 될 가능성이 높다.

자기 생각이나 의견을 입 밖에 내지 못하는 사람의 심리에는 착한 아이가 되어야 한다는 프로그램이 작동하고 있다.

착한아이증후군 증상을 보이는 사람은 노력형인 경우가 많으며, 좋은 평가를 받기 위해 끊임없이 노력한다. 그렇게 하지 않으면 자신의 존재가치가 없다고 생각하기 때문이다.

이런 사람은 다음과 같이 행동한다.

주위의 기대를 저버릴 수 없다고 생각한다.

협조성이 뛰어나다.

자기주장을 하지 않는다.

모두를 위해 열심히 최선을 다한다.

이런 사람은 아주 대단한 사람이지만 문제가 많다.

언제나 타인을 기준으로 살기 때문에 자신이 뭘 하고 싶은지 알지 못한다.

자신의 의견을 말하지 못하고 감정도 드러내지 않는다.

자신의 판단이 필요한 경우에도 실패가 극도로 두려워 행동하지 않는다.

언제나 남에게 자신을 맡긴다.

착한아이증후군인 사람에게는 인정받는 것이 전부다.

자신을 더 헤아려주길 바라는 의존심이 강하다.

자신이 생각한 만큼 주위에서 평가해주지 않으면 폭발해 버리기도 한다.

"난 이렇게 해줬는데 인정해 주지 않아!" 하고 말이다.

자신의 깊은 배려나 헌신적인 노력을 알아주는 사람이 없으면 자신의 존재 가치를 증명하지 못한다. 그러니 자신을 인정해 주는 사람이 나타나면 지나치게 의존해버리기도 한다.

착한아이증후군 중에서도 특히 불안이 강한 타입이 누구에게나 좋은 모습을 보이려고 하는 사람이다.

착한아이증후군인 사람은 강한 불안이 방아쇠가 되어 모든 사람의 평가를 너무나 의식한다. 그래서 좀처럼 행동에 옮기지 못한다.

많은 사람에게 착한 사람이 되려고 신경을 쓰기 때문에 너무나 많은 애를 쓴다.

물론 모든 사람이 좋아하는 사람이 될 수도 없다.

하지만 타인을 책망하거나 원망하는 정도라면 그래도 낫다.

'난 쓸모없는 인간이야. 가치가 없는 인간이야'라며 마음이 침울해져 자신을 학대하기 시작하면 문제는 커진다. 그렇지 않아도 낮은 자기 긍정감이 더욱 낮아져 정신적인 상처가 깊어지기 때문이다.

이처럼 언제나 남의 평가를 위해 살면 주위와의 알력을 피할 수 있다. 반면 자기 생각에 뚜껑을 닫게 되기 때문에 나다움을 잃어버릴 수 있다.

평가의 기준이라는 것을 갖지 못하는 것이다.

남의 평가 기준으로 살다 보면 자신이 뭘 하고 싶은지 모른다.

제멋대로 구는 착한아이증후군도 있다

부모가 이혼해 할머니, 할아버지 밑에서 자란 경우는 사정이 좀 다를 수 있다.

엄하게 키우려면 에너지가 필요한데, 고령의 경우에는 그렇지 못한 경우가 많다. 그래서 그렇게 자란 손자는 아무래도 제멋대로 굴기 쉽다. 조부모가 키운 아이는 가엾고 안됐다는 이유로 그냥 봐주는 경우도 많다.

"아이는 밝게 자라야 한다."

조부모로부터 이런 말을 듣고 자란 아이는 다음과 같은 자기암시가 있다.

"언제나 밝은 모습을 보여줘야 한다."
"자기 의견을 말해서는 안 된다."

"천진난만한 모습을 보여 조부모에게 키우는 보람을 느끼게
　해야 한다"

　이런 자기암시를 가진 아이는 기대에 따라 주위에서 원하는 대
로 살려고 한다.

　언뜻 보면 어른스러워 착한아이증후군과는 정반대처럼 보인다.
하지만 타인의 평가를 기준으로 산다는 점에서는 같다.

　오랜 기간 자신을 어떻게 생각할지 주위 눈치만 보기 때문에 자
신이 뭘 하고 싶은지에 대해서는 전혀 생각하지 않는다.

　자기 인생을 살기 위해서 자신이 진짜 해야 할 일은 뭘까?

　이것을 알면 자기 생각을 말할 수 있고 의사소통능력도 현저하
게 높아진다.

자존감을
높이는 법

자존감을 높이는 다양한 심리기법이 있다.

의외라고 생각할지 모르겠지만, 자존감을 높이는 방법 중 하나는 고급 옷을 입어보는 것이다.

한번은 유명한 패션 스타일리스트에게 코디를 부탁한 적이 있다. 스타일리스트가 물었다.

"어느 정도 선으로 예산을 생각하시나요?"
나는 어느 정도가 적당할지 몰라 되물었다.

"얼마 정도면 될까요?"

"300만 원 정도면 어느 정도 고를 수 있을 것 같네요."

그렇게 금액을 정한 다음 라이프 스타일에 맞는 콘셉트를 정했다.

그 후 스타일리스트와 함께 쇼핑하러 나갔는데, 그때 스타일리스트가 골라준 옷을 입어보면서 가격표를 보고 깜짝 놀랐다. 그때까지는 양복 한 벌 30만 원, 와이셔츠 5만 원, 구두 10만 원, 벨트 2만 원 정도가 가장 비싸게 산 것이었다.

복장에 그 이상 돈을 쓴다는 것은 생각할 수도 없는 일이었다.

전부 갖추는 데 기껏해야 50만 원도 들지 않았다.

그런데 스타일리스트가 고른 옷은 양복 윗도리만 60만 원이었다.

"아니, 이건 너무 비싸잖아요?" 하고 놀라는데도, 25만 원짜리 바지 두 벌을 골랐다.

"이런 건 5만 원이면 사는 데요…"

스타일리스트는 20만 원 하는 와이셔츠도 세 벌이나 골랐다.

"이런 건 세 벌에 10만 원이면 되는데…"

30만 원짜리 구두도 두 켤레를 골랐다.

"이것과 똑같은 구두를 10만 원이면 살 수 있어요."

10만 원짜리 벨트도 두 개나 골랐다.

"하나에 2만 원이면 충분하지 않아요?"

그런데 사치의 정수를 보여준 것은 10만 원 하는 포세트(Pochette: 정장 상의의 가슴 포켓에 넣는 장식용 손수건)였다.

배지 같은 액세서리도 10만 원이나 했다.

하나하나 살 때마다 비싸다는 말밖에 나오지 않았다.

처음 옷을 입었을 때는 약간의 위화감이 있었다. 그런데 입고 다니는 사이에 변화가 일어났다.

사람들 앞에서 말할 때 이전에 입던 옷은 입을 수가 없었다. 이전에 입던 옷을 입으면 너무나 초라한 느낌이 들었기 때문이다.

비싼 옷을 입고 다니다 보니 내가 그것에 어울린다는 느낌이 들었다. 내 가치가 남에게 전달되는 것처럼 느껴지기도 했다.

내가 '가치가 있는 사람'이라고 느끼자, 주변 사람도 나를 가치 있는 사람으로 인정해 주었다.

값싼 옷을 사 입는 사람은 '비싼 옷에 돈을 쓸 만큼 가치 있는 존재가 아니다'라는 인상을 자신에게 줄 가능성이 있다.

어떤 차림이냐에 따라 사람의 인상이 달라질 수도 있다. 상대에게 수준 높은 사람이라는 인상을 주면 상대에게 소중한 대우를 받을 수 있다. 긍정적인 후광효과인 셈이다.

일본을 대표하는 작가 중엔 언제나 하와이풍이나 중국제 값싼 바지 차림을 고수하는 사람도 있다. 실력이 출중하다면 외모에 그다지 신경을 쓸 필요가 없다.

그러나 가장 단기간에 자기 자존감을 높이기 위해 고가 옷의 에너지를 빌리는 것도 효과적인 방법이라고 생각한다.

자신은 고가를 몸에 걸칠 만큼 가치 있는 사람이라는 메시지를 자신에게 보내는 것이 자기 자존감을 높이는 지름길이다.

긍정적인 사고가
오히려 부정적인 결과를
가져온다

고민을 털어놓고 이런 말을 들은 적은 없는가?

"긍정적으로 생각하는 게 좋아요."

"고민을 싸안고 끙끙거려봐야 아무 소용없어요."

"낙관적으로 생각하세요. 앞으로 해야 할 일에 집중하는 게
 어때요?"

하지만 최근 연구에 의하면 단지 꿈을 꾸는 것만으로는 꿈이나
바람을 이룰 수 없다고 한다.

뉴욕대학교 심리학 교수인 가브리엘 외팅겐(Gabriele Oe ttingen) 교수는 『무한긍정의 덫』이라는 책에서 긍정적인 사고가 오히려 부정적인 결과를 가져온다고 주장한다.

긍정적인 사고는 어려움을 이겨내는 데 필요한 에너지를 다 써버리게 된다. 그 결과 계획성 없이 충동적으로 행동하는 경향이 있고 무기력해진다. 그러니까 긍정적인 사고는 부정적인 결과를 낳는 독이라고 말한다.

그럼 꿈을 이루려면 어떻게 해야 할까?

막연하게 긍정적으로 기대하는 대신 바로 'WOOP 사고법'을 사용하는 것이다.

WOOP는 'Wish(바람), Outcome(결과), Obstacle(장애), Plan(계획)'의 머리글자를 딴 말이다.

1. 바람(Wish)

자신이 달성하고 싶은 목표나 극복하고 싶은 것 등 바라는 것이 무엇인지 명확하게 정한다.

간단하지는 않지만 일정 기간 달성할 수 있는 것, 예를 들어 '건강을 위해 매일 조깅한다', '애인과 친밀해지고 싶다' 등을 골라 이루어질 것을 기대한다.

2. 결과(Outcome)

그런 다음 목표의 결과를 구체적으로 떠올린다.

조깅을 목표로 정했다면 구체적인 기준을 정하고 매일 함으로써 생활에 탄력이 생긴 모습을 떠올린다. 살이 빠져 날씬해진 모습이나 밤에 숙면을 취하는 생활 등을 말이다.

연애라면 상대에게 불안을 느끼지 않고 질투 감정이 사라져 밝게 대화할 수 있는 상황을 떠올려본다.

3. 장애(Obstacle)

WOOP 사고법의 가장 특징적인 곳이 이 부분이다. 목표를 가로막는 장애물을 떠올리는 것이다. 이것을 멘탈 콘트라스트(Mental Contrast)라고 한다.

멘탈 콘트라스트란 머릿속에서 대비하는 것을 말한다.

긍정적인 꿈을 꾼 후 즉시 꿈을 향해 가는 길을 막는 장애 요소들을 차근차근 검토해보고 어떻게 할 것인지 준비해둔다.

'조깅하기로 마음먹었는데 너무 피곤하거나 늦게 귀가했을 때는 어떻게 하지?'

'질투를 느끼거나 불안해져 애인에게 몇 번이나 전화하고 싶어지거나 메일을 보내고 싶을 때는 어떻게 하지?' 처럼 장애물을 구체적으로 떠올리는 것이 중요하다.

4. 계획(Plan)

어떤 장애물이 있을지 떠올렸다면 마지막에 구체적인 계획을
세우면 된다.

'일이 바쁘고 지쳐 귀가한 날이라면 현관에서 즉시 조깅화를 신
는다', '애인에게 질투를 느꼈다면 전화를 하거나 메일을 보내지
않고 하던 일을 계속한다' 등 장애물이 생겼을 때 이를 극복하기
위한 계획을 세운다.

장애물이 있을 때 어떻게 할지 부정적인 상황이 일어났을 때를
머릿속에 그려보자.

성공은 마음의 준비에서 비롯되기 때문이다.

꿈과 현실을 잘 준비해 두면 꿈은 점점 이루어지게 되어 있다.

기대의 법칙을
이용하라

이것도 WOOP 사고법에서 소개된 내용이다. 뭔가 계획을 세울 때는 최고로 잘됐을 때의 이미지를 떠올린다. 지금부터 모든 것이 시작이다.

중요한 것은 자신에 대해 충실하게 기대하는 것이다.

"어차피 잘될 리 없는 일이었어."
"그렇게 쉬운 일은 없지."

이렇게 자신의 미래를 과소평가하는 사람이 많다.

그 심층 심리에는 다음과 같은 브레이크가 있을 수도 있다.

'기대하면 할수록 성과가 나오지 않았을 때 받는 충격과 실망이 크다. 그러니까 실망하지 않기 위해서라도 큰 기대는 하지 않는 것이 좋다.'

이처럼 잘 안됐을 때의 충격을 회피하려고 기대하지 않는 인생을 선택하면, 그러는 가운데 꿈은 없어진다.

이것은 실패하지 않은 인생일지는 모르나 큰 기쁨은 없는 인생이 된다.

질문 하나 하겠다.

당신은 꿈을 이루고 감동으로 가슴 설레는 인생을 살고 싶은가? 아니면 실패하지 않는 인생을 살고 싶은가?

또 한 가지 질문하겠다.

꿈을 이룬 인생과 실패하지 않은 인생을 둘 다 소유할 수 있다고 생각하는가?

내가 진행하는 세미나에는 지금까지의 인생 가운데 가장 감동적인 일과 가장 충실하게 보냈던 일에 대해 서로 말하는 시간이 있다.

그러면 사람들은 대부분 실패를 거듭하고 힘들었던 당시를 말한다. 밤에 잠도 못 이룰 정도로 고통스럽고 전혀 빛이 보이지 않는 그런 고통 가운데서 한 가닥 실마리를 찾아 겨우 어려움을 극복한 이야기 말이다.

장애물이 있으므로 감동의 순간이 찾아온다.

처음부터 어려움 없이 순조롭게 이룬 일은 큰 감동을 얻을 수 없다. 즉, 감동과 어려움과 장애물은 한 세트다. 장애물은 감동에는 필수 조건이다.

슬럼프에 빠져 도저히 영업을 할 수 없을 것 같은 시기가 있었다. 상대하기 어려운 고객을 만나고 가는 곳마다 거절당하기 일쑤였다. 처음부터 기분 나쁘게 하나하나 트집을 잡는 고객을 만나기도 했다. 그럴 때면 '왜 나는 이렇게 운이 없는 거야!' 하고 자신을 저주하곤 했다.

그런데 이후에 성인군자 같은 사람을 만나 기분 좋게 영업하다 보니 자연스럽게 슬럼프에서 탈출했다.

그런데 나중에 생각해봤더니 성인군자 같은 고객은 지극히 평범한 보통 사람이었다. 단지 이전 사람이 너무 심하게 나왔기 때문에 보통 사람을 상대적으로 좋은 사람으로 느낀 것뿐이다. 내가 하는 말에 진지하게 들어주는 것만으로도 감동할 수 있고, 그 감사가 고객에게도 전해져 순조롭게 계약으로 이어진 것이다.

심하게 대하는 사람이 있기 때문에 친절한 사람에게 감사할 수 있다.

인간관계로 고통스러운 실패를 하면 비로소 진정한 따뜻함을 알게 된다.

돈에 쪼들려본 경험이 있어야 돈의 고마움을 알게 된다.

입원해 보면 비로소 건강의 고마움을 알게 된다.

어려움이 있고 장애물이 있기 때문에 감동이 있다.

당신의 인생에도 여러 장애물이 나타날지 모른다. 하지만 어려움이 생기고 장애물이 눈앞에 나타나면 기뻐하라.

그것은 감동할 기회가 찾아온다는 신호이기 때문이다.

당신에게 감동과 기쁨이 넘치는 인생을 살기 바란다.

최고의 자신을
만드는 법

    수만 명의 고민을 들어보니 공통점이 있었다. 고민의 원인은 대부분 대화에 있었다. 그러니까 인생은 인간관계가 전부라고 해도 과언이 아니다.

    일이나 돈, 건강은 언뜻 보면 의사소통과는 관계가 없는 듯하다. 하지만 실은 모두 인간관계에서 오는 것들이다.

    어떤 사람을 만나느냐, 어떤 사람이 응원해주느냐에 따라 하는 일이나 돈을 버는 일도 바뀔 수 있다. 특히 영향력 있는 사람이 한 사람이라도 있으면 그것으로 크게 변할 수 있다.

    예를 들어 소프트뱅크 손정의 사장이 당신의 가능성을 믿고 돕겠다고 나선다면 인생이 달라질 수도 있다. 일약 주목받는 인물이 되어 하는 일이나 돈에 아쉬움이 없어질지도 모른다. 유명인이 아니라 하더라도 어떤 상황에서도 도와주는 사람, 힘이 되어 주는 사람이 있으면 당신도 뭐든 할 수 있는 사람이다.

건강은 생각의 습관이 큰 영향을 미친다. 작은 일에도 끙끙 앓는 사람이 있고, 무슨 일이든 편하게 생각하는 사람이 있다. 이런 습관이 몸에 주는 영향은 완전히 다르다.

자신이 컨트롤할 수 있는 일이라면 그다지 심리적인 영향이 없다. 그러나 남이 어떻게 생각할지, 남에게 어떻게 비칠지 남이 생각하는 것에 대해 억측과 망상을 시작하면 몸에 주는 타격은 아주 크다.

그럼 어떻게 하면 멋있는 인간관계를 만들 수 있을까?

마지막으로 하고 싶은 말이 있다. 도움을 받는 사람에서 도움을 주는 사람이 되라는 것이다. 앞서 사람들이 어떻게 평가할지 의식하기 때문에 사람들 앞에서 긴장한다고 했다. 말하자면 평가를 기대하는 마음이 있는 것이다.

만약 내가 '강사로서 대단한 평가를 받고 싶다'든가 '능력 있는 강사로 인정받기 위해 노력해야 한다'고 하는 의식만으로 단 위에

선다면 예전처럼 긴장해서 떨지도 모른다.

내가 사람들 앞에서 긴장하지 않는 것은 자신보다는 사람들에게 의식을 집중하기 때문이다. 어떻게 하면 사람들에게 도움을 줄 수 있을지 생각하기 때문이다.

남의 평가에 신경 쓰지 말고 남에게 주는 입장을 취해보자.

대화를 잘 못한다고 말하는 사람도 많다. 상대방에게 평가받는다는 의식이 대화를 즐기지 못하게 만든다.

상대방에게 주는 사람이 되면, 의사소통이 어렵다거나 대인관계가 싫다는 고민이 거의 해결된다.

행복의 키워드는 '주는 것'이다.

하지만 예전의 나라면 이런 반론을 제기했을 것이다.

'나에게는 남에게 줄 만한 것이 없다.'

이건 잘못된 생각이다.

아마 이런 생각의 밑바닥에는 '의미가 있는 것을 주어야 한다'는 의식이 깔렸을 것이다.

그것도 '존경받고 싶다', '대단하다고 인정받고 싶다', '감사하다는 말을 듣고 싶다'는 감정 말이다.

당신은 가볍게 웃어주기만 해도 된다. 그것만으로도 행복을 만들 수 있다. 억지 미소라도 좋다. '100퍼센트 마음에서 우러나오는 미소가 아니면 안 된다'라는 완벽주의가 될 필요는 없다.

옷는 얼굴이 싫다면 그냥 하고 싶은 일에 열중하기만 해도 된다. 그 자세가 주위에 힘을 줄 수 있다.

인생의 문제는 끊임없이 나타난다.

지금 당신이 안고 있는 문제가 이 책을 읽는 가운데 조금이라도 가벼워지고, 인생을 풍요롭게 사는 데 도움이 되었으면 좋겠다.

에필로그

1장에서는 대화의 기본을 소개하고 무의식의 브레이크에 눈을 뜨도록 강조했다.

2장에서는 신뢰관계를 구축하는 심리학을 소개했다.

많은 사람은 질문을 잘 못해서 대화가 깊어지지 않는다. 질문을 잘하기만 해도, 상대방에게 파장을 맞추기만 해도 대화는 즐거워진다.

3장에서는 인간 심리를 소개했다.

서로가 이해하지 못한다는 것은 사람의 심리를 모른다는 말이기도 하다.

당신과는 다르게 생각하는 사람들의 다양한 심리를 알아두면 곤혹을 겪는 일도 없어진다.

4장에서는 타입별 대화법을 소개했다.

누구와도 통하는 대화는 없다. 타입에 따라 마음을 움직이는 포인트가 있을 뿐이다.

5장에서는 자신을 움직이는 방법을 소개했다.

자신을 조절하면 인생을 자유롭게 살 수 있다.

사람은 변한다. 바꾸기에 늦은 때란 없다. 의지만 있다면 나이와 상관없이 바꿀 수 있다. 책에서 한 가지라도 실행에 옮기고 싶은 일이 있었다면 오늘부터 시도해 보길 바란다.

부하직원이나 상사, 가족, 거래처, 이성과의 대인관계로 고민하는 사람이나 자신감이 없는 사람, 자신을 높이고 싶은 사람에게 이 책이 도움 된다면 저자로서 더없는 기쁨이 될 것이다.

대화를 위한 소통의 기술 익히기

대화의 심리학

2017. 4. 12. 1판 1쇄 발행
2023. 6. 21. 1판 3쇄 발행

지은이 │ 마츠하시 요시노리(松橋良紀)
옮긴이 │ 김선숙
펴낸이 │ 이종춘
펴낸곳 │ **BM** ㈜도서출판 **성안당**

주소 │ 04032 서울시 마포구 양화로 127 첨단빌딩 3층(출판기획 R&D 센터)
      10881 경기도 파주시 문발로 112 파주 출판 문화도시(제작 및 물류)
전화 │ 02) 3142-0036
      031) 950-6300
팩스 │ 031) 955-0510
등록 │ 1973. 2. 1. 제406-2005-000046호
출판사 홈페이지 │ www.cyber.co.kr
ISBN │ 978-89-315-8918-4 (13180)
정가 │ 16,000원

이 책을 만든 사람들
책임 │ 최옥현
진행 │ 김정인
본문 디자인 │ 김희연
표지 디자인 │ 박원석
홍보 │ 김계향, 유미나, 정단비, 김주승
국제부 │ 이선민, 조혜란
마케팅 │ 구본철, 차정욱, 오영일, 나진호, 강호묵
마케팅 지원 │ 장상범
제작 │ 김유석

■ 도서 A/S 안내

성안당에서 발행하는 모든 도서는 저자와 출판사. 그리고 독자가 함께 만들어 나갑니다.
좋은 책을 펴내기 위해 많은 노력을 기울이고 있습니다. 혹시라도 내용상의 오류나 오탈자 등이 발견되면 **"좋은 책은 나라의 보배"**로서 우리 모두가 함께 만들어 간다는 마음으로 연락주시기 바랍니다. 수정 보완하여 더 나은 책이 되도록 최선을 다하겠습니다.
성안당은 늘 독자 여러분들의 소중한 의견을 기다리고 있습니다. 좋은 의견을 보내주시는 분께는 성안당 쇼핑몰의 포인트(3,000포인트)를 적립해 드립니다.
잘못 만들어진 책이나 부록 등이 파손된 경우에는 교환해 드립니다.